Susan A. Friedmann

Messen und Ausstellungen

- Budgetieren
- Organisieren
- Profitieren

W0235603

UEBERREUTER

Die Deutsche Bibliothek – CIP-Einheitsaufnahme

Friedmann, Susan A.:
Messen und Ausstellungen : budgetieren, organisieren, profitieren /
Susan A. Friedmann. – Wien ; Frankfurt [Main] : Ueberreuter, 1998
  (New Business Line ; 94) (Manager-Magazin-Edition)
  Einheitssacht.: Exhibiting at tradeshows <dt.>
  ISBN 3-7064-0450-8

Danksagungen

Ich danke von ganzem Herzen:
Alec, Dov und Yael, meiner Familie, die meine größten Fans und schlimmsten Kritiker sind,
für ihre unerschöpfliche Liebe, ihren Enthusiasmus und ihre Inspiration.
Ohne sie hätte ich dieses Buch nie geschrieben.
Bob Kramer für seine Freundschaft, Unterstützung und seine hilfreichen Ideen.
Richard Erschik, Scott Goldman und Paula Marlow, meinen Freunden und Kollegen für hilfreiche Kritik
und für das Redigieren des Buchentwurfes.
Den Seminarteilnehmern und Kollegen, die großzügig ihre Erfahrungen und Ideen mit mir geteilt haben.

S 0424   1 2 3 / 2000   99 98

Inhalt

An den Leser

Ich bin immer wieder von neuem überrascht, daß so viele Unternehmen Tausende von Dollars in diverse Messen und Ausstellungen stecken und trotzdem die wenigsten Firmen diese Form von Marketing wirklich ernst nehmen.

Bei vielen Unternehmen vertritt man den Standpunkt, diese Messen dauern ohnehin nur ein paar Tage und behindern den normalen Verkauf und die darin einbezogenen Mitarbeiter.

In Wahrheit sind Ausstellungen eine große Werbeerweiterung, Promotion und PR. Firmen werden von Kunden, potentiellen Käufern und der Allgemeinheit anders als sonst gesehen und können sich und ihre Aktivitäten stärker und besser präsentieren.

Warum drückt dann die Körpersprache vieler Firmenvertreter aus, daß es sich bei einer Messe um eine nutzlose und unwichtige Sache handelt und sie viel lieber dort wären, wo man »wirklich« verkauft?

In vielen Unternehmen wird verabsäumt, Mitarbeitern die Wichtigkeit von Messen näherzubringen. Warum? Weil die leitenden Angestellten oft selbst nicht von der Wichtigkeit von Messen in Zusammenhang mit der gesamten Marketingstrategie überzeugt sind.

Wenn Sie sich für irgendeine Art von Ausstellung entscheiden, investieren Sie etwas. Und wie bei jeder anderen Investition erwarten Sie einen Ertrag. Beachtliche Erträge erhält man nur, wenn kluge Entscheidungen gefällt werden.

Dieses Buch wird Ihnen helfen, die aufregende, herausfordernde und komplexe Welt der Messen und Ausstellungen zu verstehen. Es enthält zahlreiche, einfach zu handhabende und praktische Strategien, damit Sie durch eine Messe oder Ausstellung bessere und profitablere Ergebnisse erzielen.

Ob es sich bei der Firma nun um einen »Ein-Mann«-Betrieb oder einen weltweiten Konzern handelt, es ist für jeden etwas dabei, egal um welche Art von Ausstellung oder Messe es auch geht. Dieses Buch bietet das nötige Rüstzeug für jeden Aussteller.

Susan Friedmann

Über dieses Buch

Dieses Buch bietet einen einfachen Fahrplan für den modernen Aussteller. Das A und O des Ausstellens wird von Anfang bis Ende einfach und klar erläutert. Sie werden mit den nötigen Grundlagen, um erfolgreich und gewinnbringend auszustellen, vertraut gemacht. Durch die vielen hilfreichen Vorschläge, Tips und Techniken werden Sie die Ergebnisse erreichen, die Sie sich von einer Messe erwarten.

Dieses Buch ist in vier Abschnitte unterteilt. Jeder davon vermittelt realitätsbezogene Informationen, klare Methoden, nützliche Tips und praktische Richtlinien. Arbeitsblätter helfen dabei, schon im voraus die Ausstellungspraxis zu strukturieren.

Teil 1 – Planung:

Hier werden Sie mit den Grundlagen und dem Zweck des Messewesens bekannt gemacht und erfahren alles, um anfangen zu können.

Teil 2 – Promotion:

In diesem Abschnitt werden Möglichkeiten zur Verkaufsförderung untersucht. Es wird erklärt, warum diese wichtig sind und wie man sie in den gesamten Ausstellungsplan integriert.

Teil 3 – Menschen:

Hier wird besprochen, welche Art von Mitarbeiter die Firma auf der Messe vertreten soll und welche Fähigkeiten dafür benötigt werden.

Teil 4 – Produktivität:

Im letzten Abschnitt geht es darum, was nach einer Messe passieren sollte, um zufriedenstellende Verkaufsergebnisse zu erreichen.

Setzen Sie sich das Ziel, einige der in diesem Buch vorgeschlagenen Ideen bei Ihrer nächsten Ausstellung in die Tat umzusetzen. Danach sollten Sie bei jeder folgenden Messe immer mehr Techniken in die Praxis umsetzen. Ihr Erfolg wird auf diese Weise bei jeder Messe größer werden, weil Sie erkennen werden, was für Ihre Firma von Vorteil ist.

Seien Sie aufgeschlossen und kreativ, wenn Sie die Tips und Techniken auf Ihr persönliches Umfeld abstimmen. Es kann sein, daß Sie sie ein wenig abändern müssen, damit sie Ihren speziellen Anforderungen gerecht werden.

Über die Autorin

Susan Friedmann ist die Präsidentin von Diadem Communications in Cincinnati, Ohio, USA. Sie ist seit mehr als 15 Jahren im Verkauf und Marketing tätig und arbeitete in Unternehmen vieler Branchen in den USA und Europa.

Sie entwickelte Programme für Organisatoren von Messen, für diverse Firmen, Interessensverbände, Handelskammern und Universitäten. Sie veröffentlichte zahlreiche Artikel in verschiedenen Fachzeitungen und hielt Vorträge auf Veranstaltungen und im Rundfunk. Sie ist aktives Mitglied der National Speakers Association, des Ohio Speakers Forum, des Trade Show Bureau und der American Marketing Association.

Einleitung

Eine Messe ist die Zusammensetzung von vier verkaufsfördernden Komponenten – Werbung, Promotion, Public Relations und persönliche Verkäufe. Indem Sie ausstellen, bewerben und promoten Sie das Image Ihrer Firma, Ihrer Produkte oder Dienstleistungen.

Der Marketing-Kommunikations-Mix

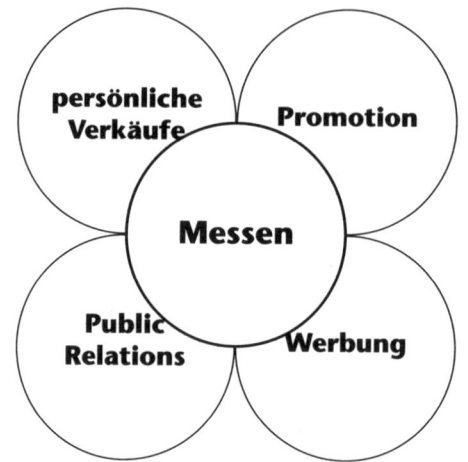

Die vier Punkte des Messemarketing

Dieses Buch ist in vier Teile gegliedert (Planung, Promotion, Menschen und Produktivität). Das sind die vier Säulen des Messemarketing.

Das leitende Management muß einer Messe hundertprozentige Unterstützung und viel Engagement entgegenbringen. Das funktioniert jedoch nur, wenn Betriebsklima und -führung stimmen. Nur so ist die Umsetzung einer umfassenden marketingorientierten Methode möglich. Das Topmanagement muß die Wirkung von Messen verstehen. Messen tragen zum Gesamtbild der Firma und zu künftiger Rentabilität bei.

Bevor Sie sich in eine Ausstellung stürzen, sollten Sie sich immer an die vier Punkte des Messemarketing erinnern:

● Planung
● Promotion
● Menschen
● Produktivität

Teil 1:

Planung

1.1 Planung: Schritt 1

Bevor Sie sich entschließen, bei Fachmessen auszustellen, sollten Sie die folgenden Fragen beantworten:

- Wie passen Fachmessen zu Ihren Marketingstrategien?
- Warum stellt Ihr Unternehmen aus?
- Was will Ihr Unternehmen ausstellen?
- Wer ist Ihr Zielpublikum?
- Wie hoch ist Ihr Ausstellungsbudget?

Lassen Sie uns die Wichtigkeit jeder dieser Fragen untersuchen.

Wie passen Fachmessen zu Ihren Marketingstrategien?

Untersuchen Sie Ihren aktuellen Marketingplan, und stellen Sie fest, wie Sie Fachmessen am besten nützen können, um das Marketing weiter zu verbessern. Möchten Sie:

- den Absatz bestehender Produkte oder Dienstleistungen auf bestehenden Märkten steigern?
- neue Produkte oder Dienstleistungen auf bestehenden Märkten einführen?
- bestehende Produkte oder Dienstleistungen auf neuen Märkten einführen?
- neue Produkte oder Dienstleistungen auf neuen Märkten einführen?

Basierend auf Ihrer Strategie können Sie dann folgendes bestimmen:

Warum stellt Ihr Unternehmen aus?

So wie bei jedem Projekt, das Sie beginnen, müssen Sie den Grund dafür kennen. Worin liegen Ihre Ziele? Möchten Sie:

- Verkäufe steigern?
- neue Produkte oder Dienstleistungen einführen?

● das Image Ihrer Firma verbessern?

● Ihr Zielpublikum erreichen?

● Einzel- oder Großhändler werben?

● eine Marktstudie durchführen?

Setzen Sie kluge Ziele!

Was auch immer Ihre Ziele sein mögen, sie müssen aufgeschrieben werden. Folgen Sie immer dem folgenden Prinzip:

Ziele müssen in einer **präzisen** Sprache verfaßt werden. Die Qualität und Quantität der Ergebnisse müssen festgelegt werden.

◆ *Ziele müssen meßbar sein.*
Ziele müssen erreichbar sein.
Ziele müssen realistisch sein.
Ziele müssen einen Zeitrahmen oder eine Deadline haben.

Beispiel:

Ziel: 50 Hinweise (Quantität) von potentiellen Kunden (Qualität) für das Produkt X, die bis zum Tag Y (Deadline) zu 10 Verkäufen führen (Quantität).

Ziele, die so formuliert werden, können gemessen werden. Wenn Sie Ihre Leistungen messen können, können Sie auch den Erfolg Ihrer Messeerfahrung bestimmen.

Bonustip: *Schließen Sie die Angestellten, die bei der Messe mitarbeiten, in die Zielsetzung mit ein. Das macht sie für die Ergebnisse der Messe mehr verantwortlich und erhöht ihren Enthusiasmus, an der Messe teilzunehmen.*

Setzen Sie kluge Ziele:

Ziel 1

Quantität: _____

Qualität: _____

Deadline: _____

Ziel 2

Quantität: _____

Qualität: _____

Deadline: _____

Ziel 3

Quantität: _____

Qualität: _____

Deadline: _____

Kontrolltip: Fragen Sie sich immer: »Ist dieses Ziel erreichbar und realistisch?«

75 Gründe, bei einer Messe auszustellen

Kreuzen Sie die Punkte an, die auf Ihr Unternehmen zutreffen:

Ich will an Messen teilnehmen, …

… um neue Produkte oder Dienstleistungen vorzustellen _____ ◯
… um den Käufer persönlich zu treffen _____ ◯
… um mich an spezielle Interessen von Kunden zu wenden _____ ◯
… um Käufer kennenzulernen, die man sonst nicht trifft _____ ◯
… um neues Kaufverhalten zu entdecken _____ ◯
… um mich mit anderen Anbietern zu vergleichen _____ ◯
… um den Kaufablauf zu verkürzen _____ ◯
… um sofort Verkäufe zu erzielen _____ ◯
… um ein Image zu schaffen _____ ◯
… um den Kundenkontakt aufrecht zu erhalten _____ ◯
… um potentielle Kunden zu treffen _____ ◯
… um Käufer zu entdecken _____ ◯
… um neue Produkte oder Dienstleistungen einzuführen _____ ◯
… um große Gegenstände zu zeigen _____ ◯
… um die Probleme der Kunden zu verstehen _____ ◯
… um die Probleme der Kunden zu lösen _____ ◯
… um neue Anwendungsgebiete für Produkte oder Dienstleistungen
zu erkennen _____ ◯
… um geplante Produkte oder Dienstleistungen zu zeigen _____ ◯
… um Feedback für Produkte oder Dienstleistungen zu erhalten _____ ◯
… um die Moral der Vertreter zu stärken _____ ◯
… um ein Händlernetz aufzubauen _____ ◯
… um die Außendienstmitarbeiter zu schulen _____ ◯
… um die Händler zu schulen _____ ◯
… um mich mit der Konkurrenz zu befassen _____ ◯
… um eine Marktstudie durchzuführen _____ ◯
… um neue Mitarbeiter zu finden _____ ◯
… um gegenüber den Medien neue Produkte oder Dienstleistungen
hervorzuheben _____ ◯
… um Kundenlisten zu erstellen _____ ◯
… um Produkte oder Dienstleistungen mit audiovisuellen Mitteln zu
präsentieren _____ ◯
… um mit Kunden möglichst kostengünstig in Kontakt zu treten _____ ◯

... um Menschen aus dem Topmanagement kennenzulernen _____ ○
... um finanzkräftige Käufer zu treffen _____ ○
... um Hinweise auf Händler zu bekommen _____ ○
... um Hinweise auf Großhändler zu bekommen _____ ○
... um bekannte potentielle Kunden zu erreichen _____ ○
... um unbekannte potentielle Kunden zu erreichen _____ ○
... um bereits bestehende Kunden zu erreichen, die persönliche
Aufmerksamkeit benötigen _____ ○
... um die Einstellungen der Kunden zu verstehen _____ ○
... um die Vorteile eines Produkts oder einer Dienstleistung groß
herauszubringen _____ ○
... um Informationen bezüglich des Produkts oder der Dienstleistung
zu verteilen _____ ○
... um Verkaufsgespräche zu führen _____ ○
... um Eindruck zu machen _____ ○
... um ein Produkt vor Publikum demonstrieren zu können _____ ○
... um ein Themenprogramm der Firma zu unterstützen _____ ○
... um besondere Kunden einzuladen _____ ○
... um eine neue Methode auf dem Markt vorzustellen _____ ○
... um ein neues Promotionprogramm zu präsentieren _____ ○
... um Produktproben zu verteilen _____ ○
... um neue Verkaufstechniken vorzustellen _____ ○
... um das Verkaufsumfeld zu gestalten _____ ○
... um eine Möglichkeit zum Produkttest zu schaffen _____ ○
... um meine/unsere Botschaft herauszustreichen _____ ○
... um eine kostengünstige Verkaufsmöglichkeit zu nützen _____ ○
... um die Möglichkeit für eine hohe Investitionsrentabilität zu schaffen __ ○
... um das Unternehmen am Markt einzuführen _____ ○
... um Kunden zu treffen, die man sonst nicht trifft _____ ○
... um meine/unsere Firma auf dem Markt neu zu positionieren _____ ○
... um die Perzeption meiner/unserer Firma zu ändern _____ ○
... um der Konkurrenz überlegen zu sein _____ ○
... um die Mundpropaganda zu verstärken _____ ○
... um die Türen für persönliche Verkaufsanrufe zu öffnen _____ ○
... um die Zahl der persönlichen Verkaufsanrufe zu erhöhen _____ ○
... um den Direktversand zu stärken _____ ○
... um Verkaufskosten zu reduzieren _____ ○
... um gute Kundenkontakte zu erhalten _____ ○

... um potentielle Kunden zu bekommen _____ ○
... um mehr Verkaufsanrufe tätigen zu können _____ ○
... um mehrere Produkte oder Dienstleistungen auf dem Markt anzubieten _____ ○
... um für technische Vorteile, Daten oder Funktionen zu werben _____ ○
... um positive Trends bei Produkten oder Dienstleistungen aufzuzeigen ___ ○
... um eine schlechte Publicity wettzumachen _____ ○
... um schriftliche Informationen zu Produkten oder Dienstleistungen
   anzubieten _____ ○
... um potentielle Kunden einzuladen _____ ○
... um Sponsoren zu unterstützen _____ ○
... um neue Mitarbeiter mit der Branche vertraut zu machen _____ ○

Was will Ihr Unternehmen ausstellen?

Ihre Ziele bestimmen, welche Produkte oder Dienstleistungen Ihre Firma ausstellen sollte. Ein Beispiel: Wenn Sie planen, ein neues Produkt oder eine neue
Dienstleistung auf dem Markt einzuführen, sollten Sie auf der Messe hauptsächlich dieses neue Produkt ins rechte Licht rücken.

Oft meinen Manager von Unternehmen, die mehrere Produktlinien anbieten,
es sei notwendig, die ganze Palette auf der Fachmesse auszustellen. Diese Breite
würde jedoch nicht nur zeigen, daß keine besonderen Ziele geplant wurden –
auch der Besucher, der eigentlich mit einem Blick erkennen sollte, in welchem
Geschäftsbereich Ihre Firma tätig ist, ist überwältigt und verwirrt.

Welche Produkte oder Dienstleistungen planen Sie auszustellen?

Produkte: _____

             _____

             _____

Dienstleistungen: _____

             _____

Wer ist Ihr Zielpublikum?

Welche Gruppen wären an Ihren Produkten oder Dienstleistungen am meisten interessiert?

Bestehende Kunden oder Klienten _____ ◯

Spezialisten _____ ◯

Lieferanten _____ ◯

technisches Personal _____ ◯

Hersteller _____ ◯

Konsumenten _____ ◯

Andere _____ ◯

Wer ist Ihr Zielpublikum?   _____

_____

Wie hoch ist Ihr Ausstellungsbudget?

Richtlinien für die Budgeterstellung

Platz-/Raummiete _____ 24%
Ausgaben für den Messestand (inkl. Mobiliar und Ausrüstung) _____33%
Dienstleistungen für die Ausstellung (inkl. Energieanlagen) _____22%
Transport _____13%
Werbung, Promotion etc. _____ 4%
Personal (inkl. Anreise, Hotel und Spesen) _____ 4%

Die Checkliste auf Seite 17 wird Ihnen helfen, eine genauere Summe Ihrer Ausgaben zu erstellen.

Budget-Checkliste

Kosten für   geschätzt   tatsächlich

1. Raum/Platz

Messestand _____ _____ _____

Hotel _____ _____ _____

2. Display

Design und Aufbau _____ _____ _____

Grafik _____ _____ _____

Renovierung _____ _____ _____

Ausstellungsstücke _____ _____ _____

Standmiete _____ _____ _____

Kauf eines gebrauchten Standes _____ _____ _____

Zeitschriftenhalter _____ _____ _____

Gestelle _____ _____ _____

Werkzeugausrüstung/Instrumentarium _____ _____ _____

Beleuchtungsanlage _____ _____ _____

3. Mobiliar und Ausstattung des Messestandes

Tische _____ _____ _____

Stühle _____ _____ _____

Aschenbecher _____ _____ _____

Kleiderständer _____ _____ _____

Teppich _____ _____ _____

Blumenarrangements _____ _____ _____

Kosten für	geschätzt	tatsächlich
Miete Computer _____	_____	_____
Miete Drucker _____	_____	_____
audiovisuelle Ausrüstung _____	_____	_____

4. Dienstleistungen für die Ausstellung

Arbeitskräfte für den Auf- und Abbau _____	_____	_____
Elektrizität _____	_____	_____
Wasser, Gas _____	_____	_____
Telefon, Fax _____	_____	_____
Reinigung Stand _____	_____	_____
Schaufotos _____	_____	_____
Sicherheitskräfte _____	_____	_____
Postdienste _____	_____	_____

5. Versand und Lagerung

Frachtkosten _____	_____	_____
Rollgeld _____	_____	_____
Ausstellungslager _____	_____	_____
Versicherung _____	_____	_____

6. Werbung und Promotion

Promotion vor der Messe _____	_____	_____
Promotion während der Messe _____	_____	_____
Promotion nach der Messe _____	_____	_____
Direktversand _____	_____	_____

Kosten für	geschätzt	tatsächlich
spezielle Abzeichen _____	_____	_____
spezielle Uniformen _____	_____	_____
Flugzettel, Werbegeschenke _____	_____	_____
spezielles Messeinformationsmaterial _____	_____	_____
Telemarketing _____	_____	_____

7. Personal

Reisereservierungen _____	_____	_____
Hotelreservierungen _____	_____	_____
Anmeldung für die Fachmesse _____	_____	_____
Essen _____	_____	_____
Spesen _____	_____	_____

8. Besondere Aktivitäten

Unterhaltung für die Kunden _____	_____	_____
Empfänge _____	_____	_____
Verkaufsbesprechungen _____	_____	_____
Redner, Training _____	_____	_____

9. Andere

_____	_____	_____
_____	_____	_____

Messebudget gesamt _____ _____ _____

Wählen Sie die richtigen Fachmessen aus

Ihr Unternehmen könnte auf vielen verschiedenen Fachmessen vertreten sein, wie zum Beispiel internationale, nationale, regionale und lokale Ausstellungen.

Internationale Messen sind oft Riesenereignisse, die viele Aussteller und Besucher aus allen Ecken der Welt anziehen. Diese Ausstellungen bieten die Möglichkeit, neue Produkte vorzustellen und Themen der Branche zu besprechen.

Nationale Messen zielen primär auf Käufer und Verkäufer aus dem Fachhandel ab und sollen Besucher aus dem ganzen Land anziehen.

Regionale Messen werden in einem bestimmten Gebiet organisiert und ziehen Besucher aus der näheren bis weiteren Nachbarschaft an.

Lokale Messen ziehen die Aufmerksamkeit der unmittelbaren Nachbarschaft an. Darunter fallen Messen, die Themen wie Haus und Heim, Hobbys, Boote etc. behandeln und meist einen hohen Besucherstrom aufweisen.

Bevor Sie sich für eine bestimmte Fachmesse entscheiden, sollten Sie sich folgende Fragen stellen:

● Welche Fachmesse erfüllt Ihre Bedürfnisse am besten? Sie sollte in Ihren Budgetplan passen, nicht in Dschibuti und zu einer passenden Zeit stattfinden und Ihr Zielpublikum anziehen.

● Wo findet die Messe statt? Wenn sich Ihre Firma auf einen bestimmten Teil des Landes spezialisiert hat, sollten Sie nur Messen besuchen, die in genau dieser Gegend stattfinden. Falls Sie Ihren Wirkungskreis erweitern möchten, sollten Sie Messen ermitteln, die potentielle Kunden aus diesem neuen Wirkungskreis anziehen.

● Wie erfolgreich war diese Messe in der Vergangenheit?

● Wie ist die Promotion für die Messe?

Quellen für Messeinformationen

● Messe- und Ausstellungsverzeichnisse

● Messe- und Ausstellungsmagazine

● Interessensverbände

● Fachpublikationen

● Handelskammern

● Welthandelszentren

● Kunden

● Lieferanten

● Konkurrenten

1.2 Planung: Schritt 2

Bei Ihrem nächsten Planungsschritt sollten Sie Dinge wie Platzanforderungen, Platzwahl, Standdisplay, Vorschriften und Transport beachten. Wir werden jeden Punkt einzeln behandeln.

Bestimmen Sie, wieviel Ausstellungsfläche Sie benötigen

Ihre Ziele und Ihr Budget sind bei diesem Punkt die entscheidenden Faktoren. Manche Unternehmen wollen allerdings ihre Marktposition herausstreichen und mieten daher einen größeren Platz.

Im allgemeinen gilt: Je prestigereicher eine Ausstellung, desto höher die Standmiete.

Was Sie ausstellen wollen, wird auch einen Einfluß auf die benötigte Ausstellungsfläche haben. Wenn Sie planen, große Gegenstände zu zeigen, brauchen Sie genug Platz, damit Sie diese den Zuschauern vorführen können.

Bonustip: Mieten Sie bei Ihrer ersten Ausstellung keine allzu große Fläche, um zuerst das Umfeld zu erkunden.

Wo sollte sich Ihre Standfläche befinden?

Jede Firma möchte den idealen Platz für ihren Stand. Doch jede Messe ist anders, und was für den einen perfekt ist, muß es für den anderen nicht sein.

Man kann jedoch zwei gültige Richtlinien aufstellen: Positionieren Sie Ihren Stand entweder rechts vom Eingang oder im Zentrum der Ausstellungsfläche. Menschen neigen dazu, sich entweder nach rechts oder zur Mitte hin zu bewegen.

Falls die Messe, bei der Sie ausstellen, jedes Jahr am gleichen Ort stattfindet, sollten Sie beobachten, wohin sich die Besucher bewegen, und den Standplatz danach auswählen.

Viele Aussteller vermeiden es, ihren Stand in der Nähe von Toiletten oder Restaurants zu plazieren. Manche Aussteller erhalten aber gerade aufgrund dieser »Nachbarschaft« regen Zustrom.

Bevor Sie eine endgültige Entscheidung fällen, sollten Sie mit dem Veranstalter besprechen, wo die Hauptattraktionen stattfinden und Marktführer und Konkurrenten ihren Stand haben. Danach müssen Sie nur noch wissen, wie nahe Sie ihnen sein möchten.

Bereiche, die Sie meiden sollten

 1. Säulen, die im Weg stehen
 2. niedrige Decken
 3. Toiletten
 4. Restaurants und Cafés
 5. »Einbahngänge«
 6. Lieferanteneingänge
 7. dunkle Flächen
 8. Hinterausgänge
 9. Orte, an denen Seminare abgehalten werden
10. Konkurrenten

Bonustip: *Meiden Sie Unternehmen, die lärmende Geräte demonstrieren oder Attraktionen haben, die Menschenmassen anziehen. Überprüfen Sie das vorher beim Veranstalter.*

Ihr Standdisplay

Die vielen Displays, die auf dem Markt erhältlich sind, lassen sich in zwei Hauptkategorien zusammenfassen: tragbare Systeme und maßgefertigte, eingebaute Displays. Tragbare Standardsysteme beinhalten:

● Tischständer

● Paneelsysteme

● ausklappbare Systeme

● Modulsysteme

● grafische Paneeldisplays

Je nach Hersteller können diese Systeme nach Ihren Farbwünschen angefertigt werden. Maßgefertigte Displays können Ihre Produkte oder Dienstleistungen noch sensationeller präsentieren.

Grundlegende Richtlinien

1. Budget

Ihr Budget bestimmt den Typ, die Größe und die Aufmachung des Displays, das Sie aufstellen werden, und die Größe der Fläche, die Sie reservieren lassen.

2. Image

Wollen Sie Ihr Unternehmen als qualitativ, hochtechnisiert, etabliert, zeitgemäß, sportlich oder traditionell präsentieren? Form, Farbe und Design werden Ihnen helfen, das Image Ihrer Wahl zu schaffen.

3. Häufigkeit der Messen

Wenn Sie jedes Jahr auf mehreren Messen ausstellen, sollten Sie bedenken, daß das Display die oft rauhe Behandlung während des Transports überleben sollte.

4. Flexibilität und Vielseitigkeit

Überdenken Sie, ob Sie von Messe zu Messe verschiedene Aufbauanforderungen haben und ob Sie in Zukunft eventuell weitere Displays anfügen möchten. Sie könnten zum Beispiel ein Modell wählen, das sowohl als Bodenmodell als auch als Tischdisplay dient.

5. Wie lauten die Messeverordnungen?

Jede Messe hat ihre eigenen Vorschriften und Regeln. Alle Informationen, die Sie brauchen, finden Sie für gewöhnlich im Messehandbuch für Aussteller. Die Präsentation dieser Unterlagen variiert oft beträchtlich. Der Trend geht jedoch dahin, es für den Aussteller so einfach wie möglich zu machen.

Im Handbuch sollte folgendes aufgeführt sein: Messeprogramm, Bestimmungen und Verordnungen, Messeregeln, ein Grundriß, Ausstellungsunterlagen, diverse Bestellformulare, Informationen bezüglich Anmeldung, Transport, Werbung und Promotion.

6. Welche Art des Transports benötigen Sie?

Form, Größe und Gewicht Ihres Displays bestimmen, ob es mit dem Auto, Kleinbus, Lastwagen oder Flugzeug befördert wird. Wenn Sie die Anforderungen für den Transport vorher kennen, können Sie die kostengünstigste Transportmöglichkeit leichter eruieren.

Oft hat eine Messe einen offiziellen Vertragspartner, der für die Güterverladung verantwortlich ist. Dieses Unternehmen ist meist über alles, was mit der Messeanlage und der Handhabung der Systeme zu tun hat, bestens unterrichtet. Obwohl es empfehlenswert ist, sind Sie nicht dazu verpflichtet, diese Firma zu beschäftigen. Wenn Sie ein anderes Unternehmen wählen, sollten Sie sicher sein, daß es einen guten Ruf und bereits Messeerfahrung hat.

Bonustip: Sie sollten das Gewicht jeder Versandschachtel (leer und voll) kennen, damit Sie überprüfen können, ob das Güterverlade- und Rollfuhrunternehmen Ihnen das korrekte Ladegewicht verrechnet.

Fragen, die Sie sich stellen sollten

Wer wird die Ausstellung auf- und abbauen?

Zusätzlich zu budgetären Restriktionen kann es für Ihre Entscheidung wichtig sein, zu wissen, wer Ihren Messestand auf- und abbaut (Ihr eigenes Personal, Personal des Veranstalters, Zeitarbeiter).

Wie einfach läßt sich der Stand auf- und abbauen?

Wie viele Teile und Stücke braucht man für die Ausstellung? Weniger Teile können schnelleren und einfacheren Auf- und Abbau bedeuten. Außerdem gilt: je schneller alle Arbeiten rund um den Messestand vor sich gehen, desto geringer sind die dafür vorgesehenen Personalkosten.

Welche Produkte werden ausgestellt, und wie werden sie präsentiert?

Inwieweit erfüllt die Ausstellung Ihre Bedürfnisse, Produkte zu zeigen, und haben Sie irgendwelche besonderen Anforderungen? Überdenken Sie auch, daß Sie eventuell Platz für Regale, spezielle Grafiken oder Effekte und genug Demonstrationsfläche benötigen.

Welche weiteren logistischen Informationen werden gebraucht?

Beachten Sie, was Sie noch alles an Infrastruktur brauchen (z. B. Elektrizität, Wasser, Abwasserableitung). Weiters müssen Sie an die Lohn- und Rollfuhrsätze (jene Summe, die Sie bezahlen müssen, damit Ihre Container geholt und am Ausstellungsort gelagert werden) und an Messeregeln und -verordnungen denken. Vergessen Sie nicht, daß die Veranstalter auch da sind, um Ihnen behilflich zu sein. Wenn Sie Zweifel haben, fragen Sie einfach.

Bonustip: Wenn Sie das erste Mal ausstellen und noch etwas unsicher sind, sollten Sie die ganze Ausstattung für den Messestand eventuell mieten. Viele Hersteller vermieten Displays.

Besteht Ihr Stand den Drei-Sekunden-Test?

Um Erfolg zu haben, muß Ihr Stand den Drei-Sekunden-Test bestehen. Innerhalb von drei Sekunden muß ein Besucher in der Lage sein …

● … Ihren Stand zu bemerken. Er muß auffällig genug sein, um die Aufmerksamkeit auf sich zu ziehen. Licht und Farbe, Spezialeffekte, lebensgroße oder überlebensgroße Grafiken, Transparente oder Fahnen, sich bewegende Objekte, Spiegel, Models, Roboter und effektvolle Demonstrationen werden den Besucher aufmerksam machen.

● Etablieren Sie sich, indem Sie Ihren Firmennamen oder ein besonderes Logo verwenden. Falls Ihr Firmenlogo sehr bekannt ist, sollten Sie es deutlich sichtbar anbringen. Auch Ihren Firmennamen sollten Sie lesbar und auffallend präsentieren.

● Stellen Sie fest, welchen Vorteil der Konsument durch Ihr Produkt oder Ihre Dienstleistung hat. Benützen Sie positive Aussagen, die leicht gelesen und verstanden werden können, und plazieren Sie diese auf grafischen Tafeln, Schildern usw. Jede Aussage soll mit den Worten »Wie Sie …« beginnen. Ein Beispiel: »Wie Sie an 10 Plätzen gleichzeitig sein können, ohne Ihr Büro verlassen zu müssen.«

Bonustip: Auf einer nationalen, d. h. länderbezogenen Ausstellung sollten Sie den Namen der Firma oder die Branche, auf einer Konsumentenmesse das Produkt betonen.

Die Beschäftigung von Zeitarbeitern

Versuchen Sie, alle unnötigen Schwierigkeiten zu vermeiden. Hier ein paar Richtlinien, damit das Arbeitsverhältnis auf Zeit reibungslos abläuft.

1. Behandeln Sie die Arbeitskräfte höflich. Sie sind da, um ihre Arbeit zu erledigen und tun das meist auch zufriedenstellend, wenn man sie in Ruhe werken läßt.

2. Lassen Sie die Arbeiter den Job auf ihre Weise erledigen, auch wenn das Ihren Vorstellungen widersprechen sollte.

3. Falls Probleme auftauchen, müssen sie dem Vertragsunternehmen oder dem Messemanagement gemeldet werden. Diese sind nämlich beim Handling diverser Probleme oft erfahrener als Sie.

4. Befassen Sie sich mit Ihren Rechten und Pflichten als Arbeitgeber auf Zeit.

5. Nehmen Sie für den Auf- und Abbau des Messestandes das gleiche Arbeitsteam – es ist mit Ihrer Ausrüstung bereits vertraut, so können Sie Zeit sparen.

Bonustip: Behandeln Sie andere Menschen so, wie Sie gerne selbst behandelt werden möchten.

Teil 2:

Promotion

2.1 Promotion

Viele Vertreter von Unternehmen glauben, daß allein das Messemanagement dafür zuständig ist, Besucher in die Ausstellung und schlußendlich zu ihrem Stand zu locken. Ein geringer Zustrom am Messestand führt dann zu bitteren Klagen beim Messemanagement.

In Wahrheit ist das Messemanagement nur für die Promotion beim richtigen Zielpublikum verantwortlich. Es ist dem Aussteller gegenüber verpflichtet, geeignetes Publikum zur Messe zu bringen. Was die Besucher dann während einer Ausstellung machen, liegt nicht mehr in der Kontrolle des Messemanagements.

Es ist die Aufgabe des Ausstellers, sein wichtigstes Zielpublikum darüber zu informieren, was ausgestellt wird, wann und wo die Messe stattfindet und warum man den Messestand besuchen sollte.

Diese Promotion wird ständig wichtiger, weil die Besucher immer weniger Zeit haben, eine Messe zu besuchen. Laut einer Studie besuchen 76 Prozent der Menschen eine Messe mit einem fixen Konzept. Falls die Besucher nicht rechtzeitig über Ihre Teilnahme informiert werden, könnte es sein, daß sie Ihren Stand gar nicht finden oder nicht daran interessiert sind, in näher zu betrachten.

Was können Sie unternehmen, damit Besucher Ihren Stand besuchen? Die Ziele, die Sie bereits im Planungsstadium fixieren, und Ihr Zielpublikum bilden den Kern Ihrer Promotion-Strategie.

Es gibt fünf Promotion-Mittel, um das Interesse auf Ihren Messestand zu lenken.

1. Persönliche Einladungen

2. Telemarketing

3. Direktversand

4. Werbung

5. Public Relations

Studien des Messewesens zeigen, daß man den Zustrom zum Stand um 33 Prozent erhöhen kann, wenn der Aussteller vor der Messe eine koordinierte Promotion durchführt.

Wie erfahren Kunden von Messen?

7,6% durch Geschäftspartner
        31,3% durch Direktversand vom Messeveranstalter
           23,4 % durch Gemeinschaftswerbung (Mailing)

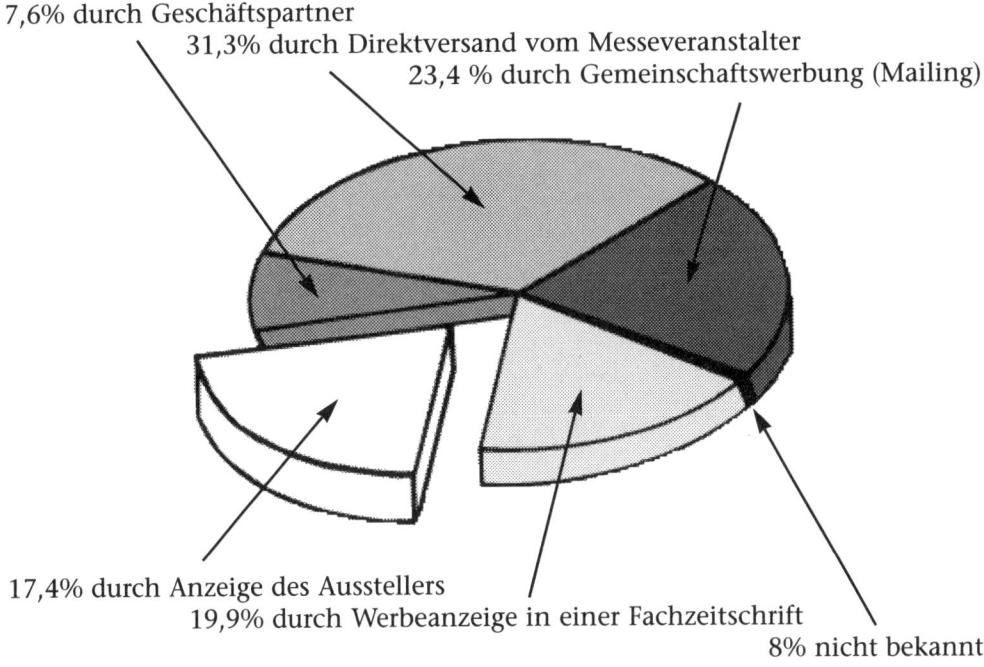

17,4% durch Anzeige des Ausstellers
    19,9% durch Werbeanzeige in einer Fachzeitschrift
        8% nicht bekannt

2.2 Wie man Messebesucher zum Stand zieht

Persönliche Einladungen

Diese Strategie funktioniert am besten, wenn sie auf eine spezielle und ausgewählte Gruppe beschränkt ist. Zum Beispiel wichtige Kunden oder Interessenten. Die Einladung wirkt gewichtiger, wenn sie vom höheren Management unterschrieben wird.

Das Messemanagement bietet oft Freikarten oder verbilligte Karten an, die Sie zusammen mit Ihren persönlichen Einladungen verteilen können.

Bonustip: *Falls Ihre Gäste mit dem Auto anreisen, sollten Sie für genügend Parkplätze sorgen.*

Telemarketing

Diese Strategie verwendet man, um spezielle Termine für die Messe zu vereinbaren. Sie ist eine Alternative zu persönlichen Einladungen.

Es ist absolut wichtig, daß der Telemarketer eine gute Textvorlage hat, professionell agiert und mit Enthusiasmus bei der Arbeit ist. Damit der Besucher zu einem Besuch Ihres Standes überredet werden kann, muß das Skript so gestaltet sein, daß der mögliche Kunde einen persönlichen Vorteil erkennt. Fragen Sie sich selbst, was Ihre Produkte oder Dienstleistungen für den Besucher »bringen«: Zeit- oder Geldersparnis, erhöhte Produktivität ...

Direktversand

Ihre Direktversandkampagne muß einen speziellen Zweck erfüllen, der auf Ihren Ausstellungszielen basiert. Was sollen die Empfänger Ihrer Aussendung unternehmen, nachdem sie diese erhalten haben? Sollen Sie Ihren Messestand besuchen, um zum Beispiel:

● an einem Gewinnspiel teilzunehmen?

● ein Geschenk abzuholen?

● eine Produktdemonstration zu sehen?

Was auch immer Ihr Grund sein mag, es ist auch wichtig, die Effektivität Ihrer Kampagne zu ermitteln. Sie könnten sich über die Befragten auf dem laufenden halten, indem Sie diese ersuchen, einen Fragebogen oder einen Gutschein im Austausch gegen ein Geschenk zurückzuschicken.

Ein wirkungsvolles Mailing besteht aus mindestens drei Aussendungen in geplanten Intervallen. Ihre Aussendung sollte sich von denen anderer Unternehmen unterscheiden.

Tips für den Direktversand:

● Verwenden Sie eine gute Adressenliste.

● Schreiben Sie immer den Namen des Empfängers auf den Briefumschlag.

● Kaufen Sie Briefmarken, die interessant aussehen.

● Lassen Sie auf die Kuverts eine besondere Botschaft drucken.

● Nehmen Sie Über- oder Untergrößen bei den Briefumschlägen.

● Verwenden Sie Farben, die ins Auge stechen.

● Benützen Sie ein Thema.

● Kreieren Sie eine dreiteilige Aussendung.

● Halten Sie Ihre Botschaft kurz, freundlich und leicht verständlich.

● Ziehen Sie in Erwägung, jeder Zielgruppe eine eigene Aussendung zu schicken.

● Legen Sie jeder Postsendung (z. B. einer Rechnung) Werbematerial bei.

● Verwenden Sie farbige Postkarten – die Menschen lesen sie immer.

Richtlinien zur Entwicklung einer Postkampagne:

● Stellen Sie einen Zeitrahmen für Ihre Kampagne auf.

● Verweisen Sie auf Ihre Ausstellungsziele.

● Bestimmen Sie Ihr Zielpublikum.

● Spezifizieren Sie, was Ihr Zielpublikum interessiert.

● Stellen Sie klar, was Sie von Ihren Konkurrenten unterscheidet.

● Formulieren Sie die Botschaft so, daß der mögliche Kunde einen persönlichen Vorteil sieht.

● Erzeugen Sie Werbeartikel, die vor und nach der Messe verteilt werden können.

● Legen Sie der Aussendung etwas bei (Geschenkkupon, Los etc.), damit der Besucher einen zusätzlichen Anreiz hat, Ihren Stand zu besuchen.

● Ihre Kampagne sollte sich auf ein kleines, aber gutes Zielpublikum beschränken.

● Erstellen Sie ein System, mit dem Sie die Kampagne bewerten oder ihren Erfolg bestimmen können.

Bonustip: Um die beste Wirkung zu erzielen, sollten Sie drei verschiedene Aussendungen in Zwei-Wochen-Intervallen sieben bis acht Wochen vor Messebeginn verschicken.

Werbung

Werbung ist ein wichtiger Aspekt des Werbemix. Sie kann beispielsweise:

● jemanden informieren und sein Interesse wecken

● Information weiterleiten

● das Verständnis fördern

● Auffassungen und Einstellungen verändern

● differenzieren

● direkte Aktionen setzen

● beruhigen

● erinnern

● Kaufgründe geben

● Anfragen bewirken

Letztlich soll Werbung Ihre Produkte oder Dienstleistungen verkaufen.

Das Wichtigste an der Messewerbung ist, die Besucher für Ihren Stand zu interessieren. Um das zu bewirken, muß Ihre Botschaft *Charme* haben:

Checken Sie gemeinsam mit Ihren Besuchern, daß …

… Ihr Produkt oder Ihre Dienstleistung für sie eine Hilfe darstellt.

Zeigen Sie, daß Ihr Produkt oder Ihre Dienstleistung Arbeits-, Zeit- und Geldersparnis bringt.

Registrieren und nutzen Sie die Emotionen oder Bedürfnisse der Besucher.

Motivieren Sie durch Belohnung von gewünschten Handlungen.

Bleiben Sie Erinnerbar.

Wichtige Komponenten bei der Werbung

Ihr Werbebudget und Ihre Messeziele sind die wichtigsten Komponenten Ihrer Werbekampagne. Das Budget bestimmt das Medienformat, das Sie benützen können, und die Messeziele bilden die Grundlage, um spezifische Werbeziele zu schaffen. Zum Beispiel:

1. Um einen charakteristischen Eindruck Ihres Unternehmens zu entwickeln oder zu unterstützen

2. Um Kontakt mit wichtigen Zielgruppen zu halten

3. Um die Fähigkeiten Ihres Unternehmens zu zeigen

4. Um Anfragen zu sammeln

5. Um sich Feedback für die Festlegung zukünftiger Strategien zu verschaffen

6. Um Personal einzustellen

Ihre Werbeziele bestimmen dann den Inhalt und die Art der Vermittlung Ihrer Botschaft.

Wo können Sie werben?

Vor Beginn der Messe können Sie in Fach- oder Branchenpublikationen, Genossenschaftsrundschreiben, Lokalblättern, Geschäften, auf Plakaten oder mit Verkehrsmittelwerbung werben. Benützen Sie Messelogos oder Abziehbilder, wo immer es möglich ist, wie zum Beispiel bei der gesamten Korrespondenz. Lassen Sie Firmenkalender drucken, auf denen die Daten der Messe markiert sind, und geben oder senden Sie diese Ihren Kunden. Seien Sie kreativ!

Während der Messe können Ihre Werbemittel Ausstellungskataloge, tägliche Messepublikationen, Werbungen auf Taxis und Verkehrsmitteln, TV-Werbung, Plakate in der Hotellobby oder am Kiosk, Luftballons oder Plakatflächen auf der Straße sein – um nur einige Beispiele anzuführen.

Bonustip: Erkunden Sie Huckepack- oder gegenseitige Werbemöglichkeiten, wo Sie Ihre Produkte oder Ihre Dienstleistungen mit denen anderer Aussteller kombinieren können. Wenn Sie zum Beispiel Computerdienstleistungen für eine bestimmte Branche anbieten, sollten Sie eine Werbekampagne erstellen, bei der Sie gemeinsam mit einem anderen Lieferanten einen speziellen Messepreis für ein Gemeinschaftspaket anbieten. Sie beide können dann das Paket anpreisen und so mehr Aufmerksamkeit auf sich ziehen.

Wie Sie Ihre Werbekampagne organisieren

Die folgenden sechs Schritte sollten bei der Entwicklung Ihrer Werbekampagne beachtet werden.

1. Wer ist Ihre Zielgruppe?

   Vergessen Sie nie, welche Käufergruppe Sie mit Ihrer Botschaft erreichen wollen.

   Unser Zielpublikum:

   _____

   _____

   _____

2. Was ist Ihre Botschaft?

Möchten Sie Ihrer Zielgruppe ein neues Produkt/eine neue Dienstleistung oder eine neue Anwendung für ein bestehendes Produkt/eine bestehende Dienstleistung vorstellen? Werden Sie ein besonderes Gerät vorführen? Was würde Ihre Kunden dazu bewegen, Ihren Stand zu besuchen? Halten Sie Ihre Botschaft einfach und kurz. Konzentrieren Sie sich auf die Vorteile, und streichen Sie unnötige Wörter. Benützen Sie fette Buchstaben zur Betonung.

Unsere Botschaft lautet:

_____

_____

_____

_____

_____

Bonustip: *Um Geld zu sparen und damit der Kunde gleich weiß, um welche Firma es sich handelt, sollten Sie eine bereits bestehende Werbung nehmen und dieser rechts oben eine Botschaft wie zum Beispiel »Kommen Sie und besuchen Sie uns am Stand 123 bei der Messe XY« aufdrucken.*

3. Wo wird sie erscheinen?

Welche mediale Kommunikationsform würde Ihre Botschaft am besten vermitteln?

Das beste Medienformat für uns wäre:

Format 1: _____

Format 2: _____

Format 3: _____

4. Wann wird sie erscheinen?

Wenn Sie Anzeigen in Fachzeitschriften schalten wollen, müssen Sie den An-
zeigenschluß des jeweiligen Magazins beachten. Fachzeitschriften planen
ihre Ausgaben oft schon mehrere Wochen oder Monate im voraus.
Planung ist besonders für spezielle Medienformate wie Plakatwände, Kiosk-
stände oder Verkehrsmittelwerbung wichtig, da diese Werbeflächen oft schon
Monate oder sogar Jahre vorher reserviert werden müssen.

Deadlines für die Werbung:

Format 1: _____

Format 2: _____

Format 3: _____

5. Wieviel Geld habe ich für die Werbung zur Verfügung?

Wie hoch ist ein realistisches Werbebudget, mit dem Sie Ihre Ziele erreichen
können?

Unser Werbebudget:

Format 1: _____

Format 2: _____

Format 3: _____

6. Wie werden Sie Ihre Ergebnisse eruieren?

Werden Besucher Ihre Werbeaussendung zum Stand bringen, um sie gegen
ein Geschenk oder einen Gutschein einzulösen, oder fragen Sie die Besucher,
wo sie Ihre Werbung gesehen haben?

Unser Meß- und Auswertungssystem ist:

_____

Public Relations

Public Relations sollen den Ruf eines Produktes/einer Dienstleistung oder einer Firma in den Augen der Öffentlichkeit verbessern. Die Auswirkungen von PR vor und während einer Messe können die Zahl der Standbesucher erhöhen. Weiters erhalten Menschen, die die Messe nicht besuchen können, Informationen.

Werbung unterscheidet sich von Public Relations. Werbung überredet Menschen dazu, Ihr Produkt zu kaufen oder irgendeine erwünschte Handlung auszuführen. Public Relations versucht, Wissen, Verständnis, Vertrauen und guten Willen zu vermitteln.

Damit Ihre Messe-PR effektiv ist, muß sie mit Ihren Werbezielen übereinstimmen. Die Hauptfunktionen von PR sind:

● ein Bewußtsein aufzubauen

● das Image Ihrer Firma zu verbessern

● Kunden oder Interessenten zu informieren

● Meinungen zu ändern

Typen von Messe-PR-Kommunikationsmitteln

Vor einer Messe sollte Ihre PR-Kampagne Pressemitteilungen für Lokalblätter und Fachzeitschriften, Produktartikel, persönliche Einladungen für Zeitungsherausgeber und Firmenrundschreiben beinhalten.

Bonustip: Werben Sie möglichst in Publikationen oder anderen Medien, die planen, über die Messe zu berichten. Das Messemanagement kann Ihnen diese Informationen geben.

Während der Messe sollten Ihre PR-Bemühungen Pressemappen für die Pressestelle, Empfänge für die Presseleute (sehr geeignet, um neue Produkte vorzustellen), mediale Präsentationen (Videos, Dias, Kassetten) beim Stand, kostenlose Werbeartikel, Seminare und/oder Workshops und gut geschulte Mitarbeiter beinhalten.

Wie man eine Pressemitteilung schreibt

Wenn Sie eine Pressemitteilung verfassen, sollten Sie folgendes kurz gehalten anführen.

Wer	–	die Besucher
Was	–	die Botschaft, die vermittelt werden soll
Warum	–	die Ziele
Wo	–	der Ort
Wann	–	das Programm oder der Zeitrahmen
Wie	–	die verwendete Technik, der Evaluierungsprozeß
Wieviel	–	das Budget oder die Einsatzmittel

Bonustip: *Nehmen Sie eine interessante Geschichte, einen unüblichen Gebrauch Ihres Produktes/Ihrer Dienstleistung oder eine Umfrage, um die Aufmerksamkeit eines Journalisten zu erregen.*

Was eine Pressemappe enthalten sollte

Pressemappen sind ein wichtiges Mittel, um Journalisten mit gründlicher Information über Ihr Unternehmen oder Ihre Produkte/Dienstleistungen zu »füttern«. Sie sollten der Mappe auch die wichtigsten Nachrichtenanzeigen, die Nummer Ihres Standes, eventuell ein gutes Foto, ein Informationsblatt mit den wichtigsten Zahlen und Fakten und den Namen einer Kontaktperson (Telefonnummer nicht vergessen) beilegen.

Eine umfangreichere Pressemappe kann auch Hintergrundberichte über Ihr Unternehmen, über bestehende Produktpaletten, technische Details usw., Produkt- oder Firmenbroschüren und Video- oder Audiokassetten beinhalten.

Bonustip: *Ihre Pressemappe sollte einfach gehalten sein. Sorgfältig ausgearbeitete Mappen beeindrucken Journalisten nicht. Sie sind nur an neuer und nützlicher Information interessiert. Drucken Sie Ihren Firmennamen auf die Umschlagseite.*

2.3 Seminare und Workshops

Bei den meisten Messen und Ausstellungen gibt es neben der Ausstellungsfläche noch einen Bereich, wo Seminare oder Workshops abgehalten werden. Bei manchen Veranstaltungen können diese Seminare oder Workshops sogar die Hauptattraktion sein, und die Messestände sind nur ein weiteres Angebot.

Wenn es in Ihrem Unternehmen einen Mitarbeiter gibt, der ein guter Redner ist und fähig ist, praktische oder hilfreiche branchen- oder produktbezogene Informationen zu vermitteln, sollten Sie überlegen, ein Seminar zu veranstalten. Diese Form der PR kann eine enorme Glaubwürdigkeit bewirken.

Ein Seminar sollte nicht als Werbemöglichkeit für Ihre Produkte oder Dienstleistungen verwendet werden. Die Teilnehmer erwarten sich vielmehr wertvolle Informationen. Ihre Antwort auf offenkundige Werbung ist oft sehr negativ.

2.4 Werbeprospekte

Stellen Sie sich vor, wie die Messebesucher die Gänge entlangstapfen, beladen mit Plastiksäcken, die vor Werbematerial überquellen. Menschen, die Messen besuchen, haben den zwingenden Drang, alles zu nehmen, was erhältlich ist oder ihnen gegeben wird.

Im allerbesten Fall möchten die Menschen Ihre Informationen lesen. Aber die Realität sieht anders aus. Haben die Besucher einmal das Messegelände verlassen, realisieren sie meist, daß sie nicht soviel Material brauchen oder wollen. Laut einer Studie im *Wall Street Journal* werden 75 Prozent aller bei einer Messe gesammelten schriftlichen Informationen bereits weggeworfen, bevor die Besucher das Ausstellungsgelände verlassen haben. Werden Ihre unter den 25 Prozent sein, die behalten werden? Warum das Risiko eingehen? Hier sind ein paar Richtlinien, um die Handhabung von kostenlosem Werbematerial in den Griff zu bekommen.

1. *Geben Sie nichts her, was teuer ist.* Da Sie nicht sicher sein können, ob der potentielle Kunde das, was Sie ihm geben, auch wirklich behält, sollten Sie nicht Ihre teuersten Informationsmaterialien hergeben. Wenn Sie möchten, daß ein Interessent etwas mitnimmt, lassen Sie kostengünstige Informationsblätter über das Produkt drucken.

2. *Bieten Sie an, schriftliche Informationen zuzuschicken.* Viele Interessenten schätzen es, wenn Ihnen Broschüren zugeschickt werden. Auf diese Weise müssen sie keine Unmengen an Papier mit sich herumschleppen. Wenn Sie versprechen, Informationen zuzuschicken, sollten Sie das auch prompt erledigen – denn wenn Sie es nicht tun, macht es die Konkurrenz. »Heißen« Interessenten sollten Sie das Material vielleicht sogar mit Expreßpost schicken.

3. *Geben Sie schriftliches Material nur an wirkliche Interessenten aus.* Sofern Sie nicht so viele Informationsblätter wie möglich an den Mann oder die Frau bringen wollen, sollten Sie darauf achten, Informationsmaterial nur an echte Interessenten auszugeben oder zu verschicken. Auf diese Weise vermeiden Sie, daß Ihre Informationszettel im Müll oder bei der Konkurrenz landen.

4. *Literatur verkauft nicht – Menschen schon.* Das Austeilen schriftlicher Informationen erschwert den Beginn eines Gespräches. Oft verteilen Mitarbeiter, die sich in der Messeumgebung nicht sehr wohl fühlen, viel schriftliches Material und glauben, auf diese Weise produktiv zu sein.

In Wahrheit sind es Ihre Mitarbeiter, die verkaufen. Das schriftliche Informationsmaterial unterstützt sie nur dabei. Das ist ein Grund, warum die Wahl der richtigen Mitarbeiter auf einer Messe so wichtig ist.

Bonustip: Erwägen Sie, Videokassetten, auf denen Ihr Produkt oder Ihre Dienstleistung beschrieben wird, zu verteilen. Eine Kassette wirft ein Besucher nicht so schnell in den Müll. Falls Sie in der Computerbranche sind, können Sie auch Disketten oder sogar CD-ROMs hergeben.

2.5 Gutscheine oder Werbegeschenke

Laut »Specialty Advertising Association International (SAAI)« sind »Werbegeschenke nützliche Artikel, die die Botschaft des Werbenden deutlich vermitteln und an den Empfänger verteilt werden, ohne daß dieser zu irgendetwas verpflichtet wäre. Sie werden zur Kommunikation, Motivation, Promotion und als Kennzeichen verwendet.«

Ein wichtiger Aspekt von Werbegeschenken ist, daß Ihr Unternehmen bei den Kunden und Messestandbesuchern besser im Gedächtnis behalten wird. Ihr Werbegeschenk sollte praktisch sein und Firmennamen und Telefonnummer aufgedruckt haben. Ihr Werbegeschenk sollte etwas mit Ihrer Zielgruppe und den Slogans Ihrer Werbekampagne zu tun haben. Außerdem sollte das Werbegeschenk eine Belohnung sein – geben Sie es Menschen, die Ihre Fragen beantworten, bei Ihrem Gewinnspiel mitmachen oder Ihre Adressenliste ausfüllen.

> ♦ *Verwenden Sie Gutscheine, um Ihre Interessenten schon vorab einzuordnen.*

Gutscheine können verwendet werden, um Interessenten schon vorab einzuordnen. Eine Firma verwendet Spielkarten. Vor der Messe werden den vielversprechendsten Interessenten »Könige«, Lieferanten »Damen«, neuen potentiellen Kunden »Buben« usw. geschickt. Wenn die Menschen dann mit der Karte zum Stand kommen, wird sie gegen ein Geschenk eingetauscht. Werden die Karten vorgelegt, wissen die Mitarbeiter bereits einiges über den Besucher und können dann besser agieren.

Bonustip: *Sie könnten Preisnachlaß-Gutscheine oder Geschenkgutscheine verteilen, die dann später bei Ihrer Firma eingelöst werden können. Auf diese Weise kann man sich auch besser auf Interessenten konzentrieren.*

Erstellen Sie einen »Gutscheinplan«

Um den Erfolg Ihrer Werbeartikel zu bestimmen, müssen Sie einen Plan erstellen.

1. Wie hoch ist Ihr Budget?

2. Was möchten Sie durch die Gutscheinaktion erreichen?

3. Wer soll Ihre Gutscheine erhalten?

4. Welche Werbebotschaft möchten Sie Ihrer Zielgruppe vermitteln?

5. Mit welcher Art von Gutschein können Sie Ihre Botschaft am besten vermitteln?

6. Wie werden Sie Ihre Zielgruppe über Ihr Werbegeschenk informieren?

7. Wie werden Sie die Ergebnisse Ihrer Promotion überprüfen?

2.6 Gewinnspiele

Sofern Sie keine Adressenliste erstellen möchten, sollten Sie keine Gewinnspiele veranstalten, bei denen man nur eine ausgefüllte Karte mit Namen und Adresse in eine Box werfen muß und dann eine oder mehrere gezogen werden. Denken Sie nur daran, was Sie mit all den Adressen nach der Messe anfangen sollen. Wie sollen Sie dann wissen, wer ein echter Interessent ist?

Weit effektiver ist ein Minifragebogen mit drei bis fünf Fragen. Dadurch erhält man wertvolle Informationen bezüglich des möglichen Kunden. Noch besser ist ein Gewinnspiel, das für den Besucher eine Herausforderung darstellt. Auf diese Weise können die Standmitarbeiter wichtige Fragen stellen. Es ist wichtig, daß die Mitarbeiter den Zweck des Spieles verstehen. Weisen Sie darauf hin, daß es darum geht, den Besucher richtig einzuordnen. Das Spiel ist lediglich ein Mittel, Besucher zum Stand zu locken. Leider konzentrieren sich Standmitarbeiter zu oft auf das Spiel an sich und vergessen dabei, das Interesse des Besuchers für ein Produkt/eine Dienstleistung zu erforschen.

Versuchen Sie etwas anderes: Lassen Sie den Besucher dafür bezahlen, an Ihrem Gewinnspiel teilzunehmen oder Ihr Anmeldeformular auszufüllen. Das Geld wird dann für einen guten Zweck gespendet.

Bonustip: *Wenn Sie ein Gewinnspiel veranstalten, müssen Sie sich über die gesetzlichen Bestimmungen informieren.*

Teil 3:

Menschen

3.1 Die Auswahl von Mitarbeitern

Sie waren wahrscheinlich schon auf mehreren Messen Mitarbeitern ausgesetzt, die entweder nicht anwesend sein wollten oder nicht wußten, was sie eigentlich tun sollen.

Das Heikelste an jedem Stand ist die Auswahl der Mitarbeiter. Das Image Ihres Unternehmens entsteht nicht nur durch einen toll ausgestatteten Stand, teure Werbung oder eindrucksvolle Informationsbroschüren. Sicherlich ist es hilfreich, aber es sind die Mitarbeiter, die Ihr Unternehmen und seine Produkte/ Dienstleistungen »verkaufen«. Die Mitarbeiter, die Sie zur Repräsentation Ihrer Firma auswählen, sind quasi Ihre Botschafter. Diese Menschen tragen die Verantwortung, künftige Beziehungen mit Besuchern, Interessenten und Kunden zu knüpfen – oder sie zu vereiteln.

Eine Studie, die von Incomm Research durchgeführt wurde, enthüllte, daß 32 Prozent der Besucher nichts von einem Aussteller kauften, weil es eines oder mehrere Probleme mit einem Standmitarbeiter gab – der Verkäufer hörte nicht zu, was der mögliche Kunde eigentlich brauchte, niemand kümmerte sich um den Besucher, niemand kontaktierte den Interessenten nach der Messe, oder der mögliche Kunde mißtraute dem Mitarbeiter.

♦ *Verwenden Sie die richtigen Kriterien, um Personal für Ihren Messestand auszuwählen.*

Die Auswahl des richtigen Personals für die Vertretung Ihres Unternehmens hat entscheidenden Einfluß darauf, ob Sie die gesteckten Ziele erreichen. Die folgenden Kriterien können Ihnen die Auswahl erheblich erleichtern:

● Wählen Sie **extrovertierte** Mitarbeiter aus. Diese haben im allgemeinen gerne Kontakt mit unterschiedlichen Menschen.

● Achten Sie darauf, daß die Mitarbeiter **engagiert und begeisterungsfähig** sind.

● Ihre Mitarbeiter müssen **eine gute Beobachtungsgabe** besitzen. Sie sollten in der Lage sein, auf viele verschiedene Handlungen und nonverbale Verhaltensweisen zu reagieren.

● Wählen Sie Personal mit ausgezeichneten **Produktkenntnissen** aus. Sie müssen imstande sein, die Produkt- oder Dienstleistungsmerkmale und den Produktnutzen mit den Kriterien des potentiellen Kunden in Einklang zu bringen.

● Sie brauchen unbedingt Mitarbeiter, die gut **zuhören** können. Die Leute müssen sich vollkommen auf den Besucher konzentrieren, die richtigen Fragen stellen und sich die Antworten aufmerksam anhören.

● Ihre Mitarbeiter müssen **einfühlsam** sein.

Bonustip: Bieten Sie den Mitarbeitern nie einen Job an Ihrem Stand oder eine Reise zu einer Messe als Belohnung an. Möglicherweise deuten Ihre Angestellten dieses Zeichen anders als Sie.

Weitere Kriterien für die Mitarbeiterauswahl

Jede Messe zieht Vertreter unterschiedlichster Märkte und sehr verschiedene Besuchergruppen an. Eine wirksame Strategie besteht darin, zu jeder Messe, an der man teilnimmt, ein anderes Team zu entsenden. Kleineren Unternehmen ist dies nicht immer möglich. Doch es ist in jedem Fall vorteilhaft, sich mit den verschiedenen Gruppen und ihren individuellen Bedürfnissen zu beschäftigen. Die H. R. Chally Group beschreibt in ihrem Buch *The Quadrant Solution* (Amacom, 1990) vier Produkt- oder Marktumfelder:

● Neue oder einzigartige Produkte oder Dienstleistungen

● Technologisch anspruchsvolle oder neuartige Produkt- oder Dienstleistungssysteme

● Gut eingeführte und vielfach verwendete Produkte oder Dienstleistungen für die vorhandenen Systeme der Kunden

● Massenprodukte

Jedes dieser Umfelder hat unterschiedliche Bedürfnisse und erfordert andere Verkaufsfertigkeiten. Üblicherweise sind manche Leute besser für ein bestimmtes Umfeld geeignet als andere.

	Mitarbeiterauswahl für	
	Neue oder einzigartige Produkte oder Dienstleistungen *(Trends: Laser-Disc Video, HDTV, medizinische Lasergeräte, Autonavigationssysteme)*	**Technologisch anspruchsvolle oder neuartige Produkt- oder Dienstleistungssysteme** *(automatisierte Verarbeitungssysteme, Roboter, Systeme für Just-in-time-Lieferung, integriertes Marketing)*
Reaktionen der potentiellen Kunden	• Kaufen emotionell oder aufgrund von Vermutungen • Nehmen häufig ein hohes Risiko in Kauf	• Zeigen mangelnde Kenntnisse über komplexe Systeme • Fragen nach potentieller »Unterbrechung der Abläufe« bei Wechsel zu neuer Methode
Wünsche oder Bedürfnisse der potentiellen Kunden	• Befriedigung des Egos • Neuartiges oder revolutionäres Design • Einfache Installation und Verwendung • Leistungssteigerung verbunden mit Einzigartigkeit • Wettbewerbsvorteil • Emotionaler Auftrieb	• Kenntnisse • Maßgeschneidertes Design • Flexibilität bei Eigenschaften und Optionen • Erweiterbarkeit • Leistungsverbesserung gegenüber Standard oder gegenwärtigem System • Installation, Schulung und Service • Vormodelle zur Risikoeingrenzung
Erforderliche Mitarbeiterfähigkeiten	• Positive Einstellung und großes Selbstvertrauen • Enthusiasmus • Fähigkeit zur lebhaften Vorführung • Fähigkeit, Begeisterung zu wecken • Technische Kenntnisse • Gute Fähigkeit zur Einschätzung	• Geduld • Einstellung und Auftreten eines Beraters • Fähigkeit zum Aufbau von Beziehungen • Technische Kenntnisse oder Glaubwürdigkeit • Fähigkeit zu beweisen, daß Unternehmen zur Lieferung maßgeschneiderter Lösungen imstande ist • Teamansatz • Verdeutlichung zentraler Konzepte • Umgang mit Einwänden • Gute Kommunikationsfähigkeiten

die verschiedenen Umfelder

	Gut eingeführte und vielfach verwendete Produkte oder Dienstleistungen *(Fotokopierer, Versammlungseinrichtungen, Geschäftsformulare, Feinpapier)*	**Massenprodukte** *(Bürobedarf, Nahrungsmittel, Investmentfonds)*
Reaktionen der potentiellen Kunden	• Kaufen komplexe, aber genormte Produkte oder Dienstleistungen • Verfügen über interne Sachkenntnis • Entspricht es den geltenden Standards? • Suchen nach bestem Anbieter von Qualität oder Service	• Kaufen Standardprodukte oder -dienstleistungen • Suchen nach bestem Anbieter von Preis und Nutzen • Wissen, was sie wollen • Wollen, was sie kennen
Wünsche oder Bedürfnisse der potentiellen Kunden	• Standardisiertes Design mit Flexibilität bei Merkmalen und Optionen • Soll gegenwärtigen technischen Spezifikationen entsprechen • Pünktliche Lieferung • Leistungsverbesserung gegenüber Standardsystemen • Kostensenkung • Stabile Leistung • Verständliche Technologie	• Niedriger Preis • Leicht zu ersetzen • Pünktliche Lieferung • Verfügbarkeit bei Bedarf • Anreize • Gleichbleibende Qualität
Wünsche oder Bedürfnisse der potentiellen Kunden	• Zuverlässigkeit beweisen • Fähigkeiten von Produkt oder Dienstleistung vorführen • Beziehungen aufbauen • Kundenzufriedenheit hervorheben • Freundlich, fürsorglich • Streben nach Absatz- und Serviceführerschaft • Probleme voraussehen und vermeiden	• Offen für Kundenbedürfnisse • Regen zu Wiederholung des Geschäftsabschlusses an • Grundlegende Produktinformation • Betonen flexible Merkmale und optionale Verpackung • Zeigen Preisvorteil • Unterstreichen angenehmes Handling und einfachen Kauf und Lieferung • Vermitteln Verfügbarkeit des Produktes

3.2 Führung des Messestandes

Um eine maximale Produktivität zu erzielen, sollten Ihre Mitarbeiter nach dem Modell »Zwei Stunden Arbeit, zwei Stunden Pause« arbeiten. Oft ist das aufgrund der Anzahl der verfügbaren Standmitarbeiter jedoch nicht möglich. Es geht also hauptsächlich darum, planmäßige Pausen zu machen. Sie sollten auf jeden Fall einen Alternativplan aufstellen, falls ein Mitarbeiter krank wird oder ein Notfall eintritt.

Kleine Aussteller

Kleine Aussteller, die eigentlich nur die eigenen Hände einsetzen können, müssen Zeitarbeiter einstellen, die ihren Stand während kurzer Perioden betreuen. Jeder muß ab und zu eine Pause einlegen. Diese Person muß sich nicht unbedingt mit Ihren Produkten oder Dienstleistungen auskennen, kann jedoch interessierten Besuchern mitteilen, daß Sie in Kürze wieder zur Verfügung stehen werden. Oder Sie können Ihnen beibringen, ein paar relevante Informationen für die Betreuung nach der Messe zu sammeln. Wichtig ist, daß Ihr Stand niemals unbesetzt ist.

Mitarbeiter	Funktion	Datum von – bis	Datum von – bis

Was Sie während einer Pause machen sollten

Sie sollten Ihre Mitarbeiter ermuntern, während ihrer Pause einen kleinen Spaziergang im Freien zu machen. Gehen bringt neuen Schwung und Energie. Falls Ihr Team an Seminaren oder Workshops teilnehmen oder andere Stände besuchen soll, sollten Sie darüber hinaus Extrazeit, in der die Mitarbeiter machen können, was sie wollen, einplanen.

Fünf Tips, damit Sie sich während einer Messe besser fühlen:

1. Trinken Sie eher viel Wasser anstatt Kaffee, Tee oder Limonaden.
2. Essen Sie ausgewogene Gerichte, die wenig Zucker, Koffein und Salz enthalten, damit Ihre Energie über einen längeren Zeitraum hinweg konstant bleibt.
3. Wenn Sie Kaffee trinken oder rauchen müssen, nehmen Sie Multivitamintabletten, die viel Vitamin B enthalten.
4. Schlafen Sie sich vor einer Messe richtig aus.
5. Vermeiden Sie während einer Messe den Genuß von Alkohol, und trinken Sie auch später nur wenig.

Wie Sie Schmerzen vermeiden

Wenn Sie über einen längeren Zeitraum hinweg ständig stehen müssen, verkrampfen sich die Muskeln und Bänder der Beine, was zu Schmerzen und einem Gefühl der Müdigkeit führt.

Verwöhnen Sie Ihre Füße. Tragen Sie bequeme, elastische Schuhe, vorzugsweise aus Leder, die gut passen und den Fuß stützen. Auf diese Weise können Sie länger stehen. Männersocken sollten aus Baumwolle oder Wolle sein. Frauen sollten Lederpumps mit niedrigen Absätzen tragen.

Vermeiden Sie hohe Absätze und neue Schuhe. Sie mögen vielleicht gut aussehen, aber ziemlich sicher bekommen Sie dadurch Krämpfe, Blasen, offene Scheuerwunden und Rückenschmerzen.

Wenn es während der Messe einmal nicht so rund geht, können Sie einige der folgenden Übungen machen, um die Blutzirkulation in den Beinen und Füßen anzuregen, die Müdigkeit zu bekämpfen und kleinere Wehwehchen zu mildern.

Belebende Übungen

1. Stehen Sie auf dem rechten Fuß, heben Sie den linken Fuß ein paar Zentimeter hoch, und lassen Sie den Knöchel langsam 5 bis 10 Mal kreisen – zuerst im Uhrzeigersinn und dann dagegen. Wiederholen Sie alles mit dem anderen Fuß.

2. Stehen Sie auf dem linken Fuß, heben Sie den rechten Fuß ein paar Zentimeter hoch, und bewegen Sie den Fuß in einer wellenartigen Bewegung von einer Seite auf die andere. Mehrmals wiederholen und dann den Fuß wechseln.

3. Stehen Sie auf dem linken Fuß, heben Sie den rechten Fuß ein paar Zentimeter hoch, und zeigen Sie mit der Fußspitze langsam abwechselnd nach oben und nach unten. Mit dem anderen Fuß wiederholen.

4. Stehen Sie abwechselnd auf dem Fußballen des rechten und linken Fußes. Wiederholen Sie das mehrmals in langsamen Bewegungen.

5. Stehen Sie gerade, die Beine leicht geöffnet, und beugen und strecken Sie die Knie ein paar Mal.

6. Stehen Sie gerade; die Arme hängen entspannt herunter, atmen Sie langsam tief ein, zählen Sie bis fünf, und dehnen Sie das Zwerchfell aus. Während Sie ausatmen, zählen Sie wieder bis fünf – so ziehen Sie das Zwerchfell wieder zusammen. Wiederholen Sie diese Übung 3 bis 6 Mal.

7. Stehen Sie gerade, und lassen Sie Ihre Schultern 5 bis 10 Mal langsam vorwärts und danach rückwärts kreisen.

Bonustip: *Verwenden Sie Einlegesohlen für Ihre Schuhe, und/oder nehmen Sie Creme, Gel oder Puder für die Füße. So bleiben sie länger frisch.*

3.3 Zwischenmenschliche Kommunikationsfertigkeiten

Nachdem Sie ein geeignetes Team zur Repräsentation Ihrer Organisation ausgewählt haben, kommt es darauf an, die Mitglieder dieses Teams mit allen Aspekten Ihrer Ausstellungspläne vertraut zu machen. Bei Messen stellt gerade die Kommunikation einen der entscheidenden Erfolgsfaktoren dar. Je mehr sich Ihre Messe-Repräsentanten in die Organisation einbezogen fühlen, desto zuverlässiger und motivierter werden sie sich für den Veranstaltungserfolg einsetzen.

Zur Stärkung der Motivation sollten Sie die Mitarbeiter in folgende Bereiche einbeziehen:

● Ausstellung und individuelle Zielsetzung

● Promotion-Kampagnen

● Erwartungen bei der Messe

● Evaluierung nach der Messe

● Produktivität nach der Messe

Ihre Repräsentanten müssen folgende Informationen erhalten:

1. Warum Sie an der Ausstellung teilnehmen

Welchen Zweck Ihr Unternehmen mit der Teilnahme an der Messeveranstaltung verfolgt, und was Sie sich davon erwarten.

2. Was Sie ausstellen

Die spezifischen Produkte oder Dienstleistungen, die ausgestellt werden sollen. Ihr Team sollte bei der Ankunft am Stand keine Überraschungen erleben müssen.

3. Was vom Team erwartet wird

Das Team muß ermutigt werden, sich auf der Grundlage der allgemeinen Ausstellungsziele seine eigenen Ziele zu setzen. Die Mitarbeiter müssen auch wissen, welche Aktivitäten Sie von ihnen im täglichen Veranstaltungsverlauf erwarten. Zum Beispiel, mit wie vielen Leuten sie Kontakt aufnehmen sollten und welche Informationen Sie von ihnen bekommen möchten.

4. Wie sie bei der Bewältigung der von ihnen erwarteten Aufgaben vorgehen sollen

Steigern Sie in Schulungen die Effektivität Ihrer Repräsentanten bei der Messe. Bringen Sie ihnen bei, wie sie die ausgestellten Produkte vorzuführen oder potentielle Kunden richtig einzuschätzen haben.

Schulung vor der Messe

Um zu gewährleisten, daß Ihr Personal über die benötigten Fertigkeiten verfügt, organisieren Sie eine Ausstellungs-Schulung. Als Trainer setzen Sie entweder einen erfahrenen Mitarbeiter oder einen einschlägigen Spezialisten ein.

Treffen Sie sich mit Ihrem Standpersonal in regelmäßigen Abständen jeden Tag vor Beginn sowie nach dem Ende der Ausstellung, um die Mitarbeiter stets mit den neuesten Informationen zu versorgen. Erinnern Sie die Leute daran, was von ihnen erwartet wird, bewerten Sie die erbrachten Leistungen, beantworten Sie Fragen, überwachen Sie das Ausmaß der Vorgabenerfüllung, und spenden Sie jedem ausreichend Motivation.

Es ist wichtig, sich am Ende jeden Tages ein paar Minuten Zeit zu nehmen, um sich den oben genannten Themen zu einem Zeitpunkt zu widmen, zu dem sie den Mitarbeitern noch frisch im Gedächtnis sind. Das hat auch den Vorteil, daß Ihnen so genug Zeit bleibt, Schwierigkeiten noch vor Ausstellungsbeginn am nächsten Tag zu bereinigen.

Mit Anreizen motivieren

Es reicht nicht aus, Ihr Standpersonal in die Messeplanung einzubeziehen und die Mitarbeiter zu eigenen Zielsetzungen aufzurufen. Sie sollten sich daneben noch ein Anreizprogramm zur zusätzlichen Verstärkung des Engagements überlegen.

Eine oder mehrere der folgenden Belohnungen könnten als Anreiz dienen:

● Provision auf den Gesamtumsatz
● Reise
● Anerkennungspreis
● Geschenkgutschein (Abendessen, Einkaufsbon, Veranstaltungsticket)
● Bezahlte Freizeit
● Seminar zur Persönlichkeitsbildung oder zur beruflichen Weiterbildung

3.4 In der Messehalle

Erst bei der eigentlichen Messeveranstaltung kommen die tatsächlichen Fähigkeiten Ihres Teams auf den Prüfstand. Hier werden künftige Geschäftsbeziehungen entweder hergestellt oder vereitelt. Die verbalen und die nonverbalen Mitteilungen Ihrer Repräsentanten unterliegen einer ununterbrochenen Beurteilung, ob bewußt oder unbewußt. Nach einer neueren Studie von Allen Konopacki (Incomm Research) bildet sich der Besuchereindruck zu 56 Prozent bereits in den ersten drei oder vier Sekunden.

Kleidung

Es ist wichtig, daß Ihre Leute präsentabel aussehen. Es obliegt jeder Firma selbst, ob sie Kleidungsvorschriften einführt oder nicht. Manche Stände sind rund um ein Thema organisiert, das sich in einer Uniform ausdrücken kann, etwa in speziell ausgeführten T-Shirts, Smokings oder Trachten. Um zu verhindern, daß ein Mitglied Ihres Teams in unpassender Kleidung erscheint, erstellen Sie am besten schon vor der Veranstaltung eine Liste akzeptabler Bekleidung. Von äußerster Wichtigkeit ist auch die persönliche Hygiene. Ersuchen Sie Ihre Mitarbeiter, regelmäßig Mundwasser und Atemfrischbonbons zu benützen.

Wie Schauspieler auf der Bühne

Von dem Augenblick der Messeeröffnung bis zum Ende der Veranstaltung ist Ihr Personal in einer Situation, die jener von Schauspielern auf einer Bühne nicht unähnlich ist. Die Besucher sind – ganz wie die Zuschauer in einem Theater – gekommen, um eine Vorstellung zu erleben. Ihre Erwartungen sind hoch, zumal sie wertvolle Zeit in den Messebesuch investiert haben. Der ziellos durch die Hallen schlendernde Besucher gehört der Vergangenheit an: 76 Prozent der Messebesucher kommen mit einem festen Programm. Laut Trade Show Bureau kommen mindestens 50 Prozent der Messebesucher, um neue Produkte, Dienstleistungen und technische Entwicklungen zu sehen.

Ausstellungsverkauf im Vergleich zum Standardverkauf

Ausstellungsverkauf und Standardverkauf unterscheiden sich voneinander und erfordern unterschiedliche Techniken. Im folgenden eine kurze Auflistung von Unterschieden:

Ausstellungsverkauf	Standardverkauf
1. Bei einer Messe herrschen für beide Geschäftspartner gleiche territoriale Bedingungen 2. Zeitliche Beschränkungen 3. Beschränkte zeitliche Aufmerksamkeit des Besuchers 4. Minimal-Informationen 5. Größere Anzahl potentieller Kunden 6. Potentielle Kunden kommen zu Ihnen 7. Beschränkte Demonstrationsmöglichkeiten	1. Entweder Käufer oder Verkäufer hat einen »Heimvorteil« 2. Flexible Zeiteinteilung 3. Bessere Konzentration des Käufers 4. Gründliche Recherche 5. Weniger potentielle Kunden 6. Sie gehen zu den potentiellen Kunden 7. Reichlich Demonstrationsmöglichkeiten

1. Gleiche territoriale Bedingungen

Weder der Käufer noch der Verkäufer erfreut sich eines »Heimvorteils«, wie dies bei Standardverkäufen in der Regel der Fall ist. Kommt beispielsweise der Käufer in eine Geschäftsfiliale des Verkäufers, so hat dieser einen entscheidenden Vorteil, befindet er sich doch in vertrautem Umfeld.

2. Der Zeitfaktor

Sowohl die Messeöffnungszeiten wie das Zeitbudget des Besuchers sind beschränkt. Je größer die Ausstellung, desto weniger Zeit kann ein Besucher am einzelnen Stand verbringen. Die Wahrscheinlichkeit ist groß, daß der Besucher sich bereits im vorhinein entschieden hat, mit wem er seine kostbare Zeit verbringen will und wieviel Zeit für die einzelnen Aussteller erübrigt werden kann. Im normalen Geschäftsleben steht bei einzelnen Kaufbesuchen mehr Zeit zur Verfügung.

3. Beschränkte Aufmerksamkeit

Ein Messegelände ist für den Besucher voll von wunderlichen und staunenswerten Dinge, die es zu hören, zu berühren, zu riechen und zu sehen gilt. Tausende Eindrücke stürmen auf ihn ein, farbenprächtige Broschüren und verlockende Gratisangebote an allen Ecken und Enden. Kein Wunder, daß die Aufmerksamkeit der Menschen sehr sprunghaft und echte Konzentration kaum anzutreffen ist.

Im normalen Verkaufsgeschäft unterliegt der Kunde weit weniger Ablenkungen. Er oder sie kann sich besser auf den Verkäufer und dessen Botschaft konzentrieren.

4. Minimale Information

Laut Forschungsstudien verbringen potentielle Kunden durchschnittlich nur drei bis fünf Minuten an einem Stand. Wenn man dies mit dem durchschnittlichen Verkaufsgespräch von zwanzig bis dreißig Minuten vergleicht, ist die relativ geringe Informationsaufnahme nicht verwunderlich.

5. Anzahl der potentiellen Kunden

Eines der wichtigsten Anliegen einer Ausstellung liegt darin, den Ausstellern die Möglichkeit zu geben, in kurzer Zeit mit mehr Kunden Kontakt aufzunehmen, als dies unter gewöhnlichen Bedingungen der Fall sein könnte.

6. Die potentiellen Kunden kommen zu Ihnen

Bei Messen kommen die potentiellen Kunden zu Ihnen, im gewöhnlichen Geschäftsbetrieb müssen Sie öfter die Interessenten aufsuchen als umgekehrt.

7. Beschränkte Gelegenheit zur Demonstration

Zeitliche Beschränkungen und verminderte Aufmerksamkeit verhindern ausführlichere Demonstrationen von Produkten oder Dienstleistungen. Allerdings haben Sie auf Messen öfter die Gelegenheit, größere Anlagen vorzuführen, was andernfalls nur möglich wäre, wenn der Kunde Sie in Ihrem Werk oder Verkaufsraum besucht.

3.5 Verkauf ist Verkauf

Wo auch immer Sie sich befinden, in der Messehalle oder im Unternehmen des Kunden: Verkauf bleibt Verkauf, und Käufer bleiben Käufer. Die Sorgen der Kunden bleiben unabhängig vom Umfeld unverändert. Diese Sorgen betreffen Fragen wie jene, ob Ihr Unternehmen zuverlässig und gesund ist und ob es ein Qualitätsprodukt/eine Qualitätsdienstleistung mit einem angemessenen Preis/Wert-Verhältnis anbietet. Die Käufer wollen wissen, ob Sie ihre Bedürfnisse verstehen, und sie werden Sie fragen, was sie anders machen sollten. Und sie fürchten, falsche Entscheidungen zu fällen.

In der Messehalle bestehen die drei wichtigsten Aktivitäten darin, potentielle Kunden zu suchen und zu finden, sie zu befragen, um ihre Bedürfnisse herauszufinden, und ihnen Lösungen vorzuschlagen. Bei manchen Messen werden Aufträge angenommen oder Verkaufsabschlüsse getätigt.

Die Suche nach potentiellen Kunden

Nun sind alle Vorbereitungsarbeiten abgeschlossen – Marketing, PR, Promotion der Messe sind beendet, die Einladungen verschickt, die Anrufe gemacht. Jetzt gilt es, die Früchte zu ernten. Ist alles weitere Schicksal? Keineswegs! Es gibt immer noch jede Menge Dinge, die getan werden können und getan werden müssen.

Einschätzung der Besuchertypen

In der Messehalle wimmelt es von sehr unterschiedlichen Menschen mit unterschiedlichen Zielen. Einige Leute haben bestimmte Gründe für einen Besuch der Messe, andere verfolgen kein bestimmtes Ziel. Ihre Beobachtungsgabe und Ihre Fähigkeit, die richtigen Fragen zu stellen, werden darüber entscheiden, ob es Ihnen gelingt, die verschiedenen Arten von Besuchern voneinander zu unterscheiden:

1. **Die Entschlossenen.** Wenn Sie Ihre Arbeit bei der Vermarktung richtig gemacht haben, werden die entschlossenen Interessenten und Kunden Ihren Stand aufsuchen.

2. **Die Vorführungsjunkies.** Achten Sie auf zufällig vorbeikommende Besucher, die von einer Vorführung oder einer anderen Aktivität angelockt werden. Diese können interessante potentielle Kunden sein oder aber Ihre

Zeit vergeuden. Stellen Sie ihnen einige kurze Fragen, um herauszufinden, mit welchem der beiden Typen Sie es zu tun haben.

3. **Die Schaulustigen.** Diese Leute können sich für alles interessieren – dafür, was Ihr Unternehmen genau tut, für ein Schaubild, dafür, wer Ihren Stand entworfen hat, usw. Vergeuden Sie nicht zuviel Zeit mit jemandem, der sich lediglich für die Gestaltung und den Aufbau Ihres Standes oder für bestimmte Details Ihrer Schaubilder interessiert.

4. **Die Papiersammler.** Manche Leute lieben es, Literatur zu sammeln oder einfach jedes Blatt Papier mitzunehmen, gleich welchen Inhalts. Doch möglicherweise besuchen sie die Messe, um für ihren Chef den Markt zu sondieren. Wenn ja, so nehmen sie unter Umständen Einfluß auf eine Entscheidung und sollten betreut werden.

5. **Die Kontaktsucher.** Dieser Typ ist üblicherweise extrem freundlich und lächelt ständig. Seine ganze Körpersprache teilt uns mit: »Bitte sprich mit mir.« Fragen Sie nach, um festzustellen, ob es sich um einen potentiellen Kunden handelt.

6. **Die Wettkämpfer.** Diese Leute wollen unbedingt Wettbewerbe gewinnen. Sie sind stets bereit und imstande, für irgendeinen kleinen Preis eine Visitenkarte in ein Aquarium zu werfen. Wettbewerbe, bei denen die Teilnahme mehr erfordert als eine Visitenkarte, werden es Ihnen erleichtern, zu verhindern, daß solche Leute Eingang in Ihre Nachbetreuungslisten finden.

7. **Die Andenkenjäger.** Diese Leute werden von jedem kleinen Präsent angelockt. Vielleicht wollen Sie obendrein noch ein paar mehr für Kinder, Freunde und Kollegen. Eine aufmerksame Befragung wird klären, ob solche Besucher potentiell interessant sind.

8. **Die Desinteressierten.** Manche Leute sind an dem, was Ihr Unternehmen anzubieten hat, einfach nicht interessiert. Oft teilen sie Ihnen das durch ihre Körpersprache deutlich mit, beispielsweise, indem sie mit Absicht jeden Blickkontakt vermeiden oder mit einem Kollegen plaudern. Diese Leute reagieren nur verärgert, wenn man ihnen auflauert.

9. **Die Falken.** Diese Leute sind nur da, um Ihnen ihre eigenen Produkte oder Dienstleistungen zu verkaufen. Anzeigenkeiler sind ein typisches Beispiel. Wahrscheinlich sind sie keine potentiellen Kunden, aber man weiß ja nie. Wenn wenig Betrieb herrscht, kann es sich lohnen, ein paar Fragen zu stellen, und wenn es nur darum geht, herauszufinden, ob diese Leute Sie weiterempfehlen können.

10. **Jobsuchende.** Eine Messe ist ein ausgezeichneter Ort, um Networking zu betreiben und nach Unternehmen Ausschau zu halten, die gegenwärtig oder in Zukunft eine Stelle anzubieten haben. So wie mit den Falken sollten Sie sich auch mit Jobsuchenden in Zeiten geringen Publikumsverkehrs beschäftigen.

11. **Die Nichtexistenten.** Diese Leute verrichten in ihren Unternehmen möglicherweise Handlangerdienste und wurden geschickt, um bestimmte Dinge herauszufinden. Unterschätzen Sie solche Besucher nie. Sie könnten großen Einfluß auf die Entscheidung ihrer Vorgesetzten haben. Darüber hinaus kennen sie wahrscheinlich die richtige Kontaktperson in ihrer Organisation.

12. **Die Schnüffler.** Hüten Sie sich vor der Konkurrenz! Spitzel verraten sich häufig dadurch, daß sie zuviel wissen oder ganz präzise Fragen stellen. Achten Sie darauf, mehr zu fragen als zu antworten. So verringern Sie die Gefahr, wertvolle Informationen preiszugeben.

Verstehen Sie die Bedürfnisse Ihrer Kunden

»Behandle dein Gegenüber so, wie es behandelt werden will«, lautet die goldene Regel im Verkauf. Um das tun zu können, muß man die Persönlichkeit, die Interessen und die Prioritäten der Kunden verstehen. Ist ein potentieller Kunde an technischen Einzelheiten interessiert, oder geht es ihm eher um den Ertrag? Sträubt er sich gegen Veränderungen, oder fällt er seine Entscheidungen spontan?

Die Fähigkeit, sich ein gutes Bild von der Persönlichkeit eines potentiellen Kunden zu machen, wird Sie in die Lage versetzen, eine von Vertrauen und Kooperation geprägte Geschäftsbeziehung aufzubauen. Sie wird Ihnen Einblick in die Bedürfnisse und Wünsche eines potentiellen Kunden geben und es Ihnen ermöglichen, zu verstehen, wie er denkt und Entscheidungen fällt.

Vier Persönlichkeitstypen

Die folgenden vier Persönlichkeitskategorien und die dazugehörigen Charakteristika werden Ihnen dabei helfen, die Bedürfnisse und die Entscheidungsmethode Ihrer Kunden festzustellen.

1. Das *Kraftbündel* ist ein starker, durchsetzungsfähiger, extrovertierter und wettbewerbsorientierter Mensch mit einem ausgeprägten Bedürfnis nach Kontrolle. Er ist ungeduldig, handelt schnell und konzentriert sich auf das Endergebnis. Er will Zeit und Geld sparen und hat kaum Interesse an Einzelheiten. Er mag den direkten Blickkontakt und einen festen Händedruck.

2. Der *Tatkräftige* ist extrovertiert, begeisterungsfähig, emotional, überzeugend und impulsiv. Ein solcher Mensch unterhält sich gerne, kann jedoch nicht lange aufmerksam zuhören. Er ist um Zustimmung bemüht. Er geht Risiken ein und fällt seine Entscheidungen spontan.

3. Der *Zuverlässige* ist gelassen, freundlich, gutherzig, unterstützend und ein ausgezeichneter Zuhörer. Er braucht lange, um sich zu einer Veränderung durchzuringen, und muß eine Vertrauensbeziehung aufbauen. Ausschlaggebend dafür, daß er eine Entscheidung fällt, sind Garantien und ein Gefühl der Sicherheit.

4. Der *Skeptiker* ist vorsichtig, analytisch, organisiert und beharrlich. Er interessiert sich für die Einzelheiten und ist genau. Man muß ihm Zeit geben, denn seine Entscheidung beruht auf logischer und systematischer Datensammlung.

		Zusammenfassung
	Das Kraftbündel	**Der Tatkräftige**
Verhaltens-muster	vertraulich – direkt	zugänglich – extrovertiert
Auftreten	geschäftsmäßig – vertrauenerweckend	modisch – auffällig
Tempo	hoch/entschlossen	schnell/spontan
Muß wissen ...	was es kann – bis wann – was es kostet	wie es den Status verändert – wer es sonst verwendet
Unterstützen Sie ... des potentiellen Kunden	Ziele	Ideen
Will, daß Sie ...	auf den Punkt kommen	ihn stimulieren
Will selbst ...	zuständig sein	bewundert werden
Entschei-dungen sind ...	endgültig	spontan
Merkmale der Sprache	klare Aussagen	äußert seine persönliche Ansicht
Merkmale des Tonfalls	laut	spricht schnell –
Merkmale des Auftretens	ungeduldig – ständiger Blickkontakt	dramatisch – kontaktbezogen

der Verhaltensmuster		
	Der Zuverlässige	**Der Skeptiker**
Verhaltens-muster	zugänglich – unsicher	vertraulich – diplomatisch
Auftreten	konventionell – achtlos	konservativ – distinguiert
Tempo	langsam/gelassen	langsam/systematisch
Muß wissen ...	wie es sich auf die persönlichen Umstände auswirkt	wie es funktioniert – wie man den Kauf logisch rechtfertigen kann
Unterstützen Sie ... des potentiellen Kunden	Gefühle	Überlegungen
Will, daß Sie ...	nett sind	präzise sind
Will selbst ...	gemocht werden	korrekt sein
Entschei-dungen sind ...	gut durchdacht	wohlüberlegt
Merkmale der Sprache	hält seine Meinung zurück	faktenbezogen
Merkmale des Tonfalls	geringere Lautstärke	gleichmäßige, monotone Sprache
Merkmale des Auftretens	geduldig	kaum Wechsel im Gesichtsausdruck

Quelle: Die Informationen über die Persönlichkeitstypen sind dem anerkannten DISC-Modell und dem Personal Profile System, © 1990 Carlson Learning Company, sowie Jim Cathart, *Relationship Learning* (La Jolla, CA, Pedigree Books, 1990) entnommen.

Ihr Verhaltensstil

Um Persönlichkeit und Verhaltensmuster anderer Menschen zu verstehen, muß man sein eigenes Verhalten kennen. Indem Sie sich über Ihre Verhaltensmuster klar werden und diese modifizieren, können Sie eine bessere Beziehung zu den Besuchern Ihres Standes aufbauen.

Kreuzen Sie bei jedem Gegensatzpaar entweder das Kästchen in Gruppe 1 oder jenes in Gruppe 2 an, je nachdem, welche Eigenschaft eher auf Sie zutrifft:

Gruppe 1		Gruppe 2	
eher um Kontrolle bemüht	○	oder eher gemächlich	○
eher um die Initiative bemüht	○	oder eher nachgiebig	○
eher zupackend	○	oder eher zögernd	○
eher herausfordernd	○	oder eher um Konsens bemüht	○
eher aktiv	○	oder eher bedächtig	○
eher zu Konfrontation neigend	○	oder eher verständnisvoll	○
eher gesprächig	○	oder eher ruhig	○
eher forsch	○	oder eher zurückhaltend	○
eher intensiv	○	oder eher entspannt	○
eher drängend	○	oder eher taktvoll	○
eher informell	○	oder eher förmlich	○
eher spontan	○	oder eher diszipliniert	○
eher leicht aus der Reserve zu locken	○	oder eher beherrscht	○
eher impulsiv	○	oder eher methodisch	○
eher verbindlich	○	oder eher distanziert	○
eher emotionell	○	oder eher durchdacht	○
eher menschenorientiert	○	oder eher aufgabenbezogen	○
eher extrovertiert	○	oder eher reserviert	○
eher dramatisch	○	oder eher sachlich	○
eher warmherzig	○	oder eher kühl	○

Summe der Kreuzchen der Gruppe 1: _____

(Diesen Wert auf die horizontale Linie der Grafik auf Seite 67 übertragen.)

Summe der Kreuzchen der Gruppe 2: _____

(Diesen Wert auf die vertikale Linie der Grafik auf Seite 67 übertragen.)

Matrix Verhaltensmuster

Sie sind ein *Kraftbündel*, wenn Sie auf folgendes Ergebnis kommen:
    Horizontal 10–20   Vertikal 10–20

Sie sind ein *Tatkräftiger*, wenn Sie auf folgendes Ergebnis kommen:
    Horizontal 10–20   Vertikal 0–10

Sie sind ein *Zuverlässiger*, wenn Sie auf folgendes Ergebnis kommen:
    Horizontal 0–10   Vertikal 0–10

Sie sind ein *Skeptiker*, wenn Sie auf folgendes Ergebnis kommen:
    Horizontal 0–10   Vertikal 10–20

Wenn Sie sowohl auf der horizontalen als auch auf der vertikalen Linie bei 10 positioniert sind, sind Sie möglicherweise jemand, der es allen recht machen möchte.

Stellen Sie den Persönlichkeitstyp innerhalb von 60 Sekunden oder weniger fest

Die Einordnung der Persönlichkeit eines Besuchers muß so schnell wie möglich erfolgen, damit eine Beziehung aufgebaut werden kann. Fragen Sie sich: »Ist diese Person extrovertiert oder reserviert?«

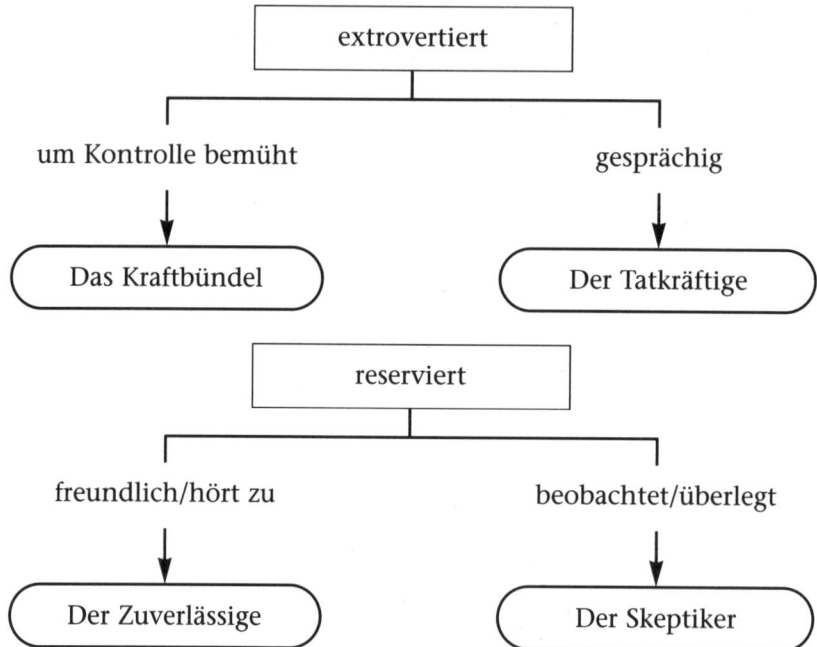

Strategien für den Umgang mit Kraftbündeln: Kraftbündel kommunizieren extrovertiert und konzentrieren sich auf das Geschäft. Achten Sie darauf, daß die Beziehung professionell und geschäftsmäßig bleibt, vermeiden Sie Small talk. Nehmen Sie Rücksicht auf die knapp bemessene Zeit Ihres Gegenübers. Seien Sie stets gut vorbereitet und organisiert, und kommen Sie schnell auf den Punkt. Gewinnen Sie Klarheit über die Ziele Ihres Gesprächspartners, verstehen Sie, was er erreichen möchte, und stellen Sie fest, welche Veränderungen er anstrebt.

Dem Kraftbündel geht es um das Ergebnis unter dem Strich, nicht um die Details. Fragen Sie Ihren Gesprächspartner, was er erreichen will. Fragen Sie, was ihm vorschwebt, gegenwärtig jedoch nicht funktioniert, und stellen Sie fest, was Sie tun können, um ihm Zeit oder Geld zu ersparen.

Strategien für den Umgang mit Tatkräftigen: Der Tatkräftige ist in der Kommunikation extrovertiert und auf den Menschen ausgerichtet. Seien Sie sehr offen und unförmlich. Geben Sie Ihrem Gesprächspartner Zeit zu sprechen, aber sorgen Sie dafür, daß er bei der Sache bleibt. Regen Sie ihn an, und zeigen Sie Interesse an ihm, verwenden Sie Referenzen und Illustrationen. Seien Sie spezifisch, und streichen Sie jene Eigenschaften Ihres Produkts oder Ihrer Dienstleistung heraus, die Status vermitteln.

Der Tatkräftige konzentriert sich auf die *Beziehung* und will bewundert werden. Fragen Sie, wer das Produkt oder die Dienstleistung nutzen wird. Fragen Sie, was Ihr Gesprächspartner und andere in seinem Unternehmen am gegenwärtig verwendeten Produkt mögen oder nicht mögen und was sie von Ihrem Produkt/ Ihrer Dienstleistung halten.

Strategien für den Umgang mit dem Zuverlässigen: Der Zuverlässige ist in der Kommunikation zurückhaltend und konzentriert sich auf den Menschen. Zeigen Sie persönliches Interesse und seien Sie sympathisch, freundlich, professionell und nicht bedrohlich. Schlagen Sie ein langsames Tempo an. Bauen Sie in einem beiläufigen Gespräch Vertrauen, Freundschaft und Glaubwürdigkeit auf. Gewinnen Sie Klarheit über die Gefühle sowie die technischen und betrieblichen Erfordernisse Ihres Gesprächspartners, und geben Sie persönliche Zusicherungen und Garantien. Binden Sie ihn ein.

Dem Zuverlässigen geht es um das Gefühl der Sicherheit und des Vertrauens. Fragen Sie, wie Sie ihm dabei helfen können, bessere Ergebnisse zu erzielen und Risiken zu vermeiden. Fragen Sie ihn, was in der Vergangenheit gut funktioniert hat.

Strategien für den Umgang mit Skeptikern: Skeptiker kommunizieren zurückhaltend und methodisch. Seien Sie professionell, förmlich, systematisch, präzise, organisiert. Seien Sie bereit, umfangreiche technische Daten zur Verfügung zu stellen. Vermeiden Sie Small talk und Schnickschnack. Zeigen Sie Ihrem Gesprächspartner, wie es funktioniert, und binden Sie ihn mit einer Demonstration ein. Schlagen Sie vernünftige Lösungen für seine Probleme vor, aber drängen Sie ihn nicht. Geben Sie ihm Zeit zum Nachdenken.

Dem Skeptiker geht es um spezifische berufliche Fragen, die er analytisch in Angriff nimmt. Fragen Sie ihn nach seiner Meinung und danach, was seinen Betrieb effizienter machen würde. Stellen Sie Fragen, die Fakten und spezifische Antworten bringen.

3.6 Wie man die Aufmerksamkeit
der Besucher gewinnt

Eisbrecher

Bei all den Aktivitäten in einer Messehalle und Tausenden Botschaften, mit denen der Besucher ständig konfrontiert wird, besteht Ihre Aufgabe darin, die Aufmerksamkeit der Menschen auf sich zu ziehen und zu erhalten. Was können Sie unternehmen, um das Interesse eines Besuchers für Ihren Stand zu wecken? Ihre Eingangsbemerkung, -aussage oder -frage entscheidet darüber, ob sich ein Besucher dazu entschließt, Zeit mit Ihnen zu verbringen.

Stellen Sie keine abgedroschenen Fragen wie »Kann ich Ihnen helfen?«, »Wie geht es Ihnen heute?« oder »Gefällt Ihnen die Messe?«. Auf diese Fragen erhält man nur die üblichen Standardfloskeln, die wertvolle Zeit vergeuden. Sie dienen nicht dazu, ein wirkliches Gespräch zu starten und über die Bedürfnisse des Kunden zu sprechen.

»Aufmerksamkeits-Magneten«

Fragen, die Menschen auf ihrem Weg innehalten lassen, sind nicht spontan. Sie müssen vorbereitet werden. Ihre Mitarbeiter sollten drei bis sechs Eröffnungsfragen parat haben, die sie situationsgerecht einsetzen können. So klingen sie nie wie eine hängengebliebene Platte und müssen nicht bei jedem neuen Besucher dieselbe Frage wiederholen.

Stellen Sie offene Fragen, das heißt, die Fragen müssen mit *wer, was, wo, wann, warum* oder *wie* beginnen. Sie regen zum Denken an und erleichtern den Beginn eines Gesprächs. Stellen Sie Fragen, die mit der Branche, den Produkten/ Dienstleistungen und deren Vorteilen oder einer bestimmten Situation zu tun haben.

Fragen, die die Aufmerksamkeit erregen

1. Fragen, die mit der Branche in Zusammenhang stehen

Musterfrage: »Welche Befürchtungen gibt es in Ihrer Firma bezüglich ... (Thema)?«

_____

_____

2. Fragen, die mit Produkten oder Dienstleistungen in Zusammenhang stehen

Musterfrage: Wie stellen Sie sich vor ..., (Produkt oder Dienstleistung) in Ihrem Unternehmen zu benützen?«

_____

_____

3. Fragen, die mit Vorteilen in Zusammenhang stehen

Musterfrage: »Wie wichtig ist ... (Vorteil) in Ihrer gegenwärtigen Situation?«

_____

_____

4. Fragen, die mit einer bestimmten Situation in Zusammenhang stehen

Musterfrage: »Was brauchen Sie in ... (Situation) am meisten?«

_____

_____

3.7 Die Begegnung mit dem Besucher

Die meisten Besucher (58 Prozent) warten eine Minute oder weniger auf einen Repräsentanten; 42 Prozent sind bereit, drei bis fünf Minuten zu warten. Zu Spitzenzeiten kann es vorkommen, daß Sie nicht genug Personal zur Betreuung aller Interessenten zur Verfügung haben.

So lange wartet ein Besucher auf einen Repräsentanten an einem Stand

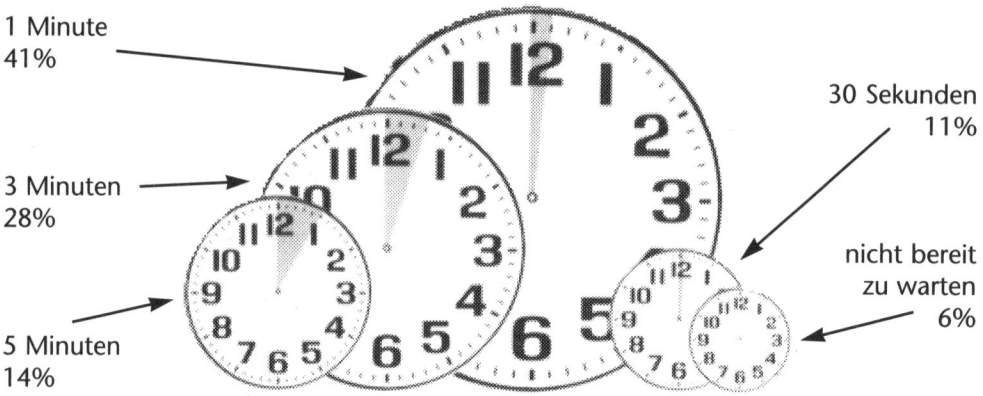

1 Minute
41%

30 Sekunden
11%

3 Minuten
28%

5 Minuten
14%

nicht bereit
zu warten
6%

Halten Sie zusätzliches Hilfspersonal bereit, das Routineanfragen beantwortet und allgemeine Auskünfte erteilt. Lassen Sie ein Endlosvideo laufen, um die Aufmerksamkeit der Besucher zu fesseln – dies erfüllt die Funktion eines zusätzlichen Verkäufers.

Bestimmte Verhaltensweisen von Standpersonal sind geeignet, Besucher abzuschrecken. Die Mehrzahl der potentiellen Ansprechpartner ist nicht bereit, Ihre Standmitarbeiter zu unterbrechen, wenn diese in einer Ecke zusammenstehen und in eine lebhafte Unterhaltung verstrickt sind, die sie offenbar mehr interessiert als die Besucher.

Das Standpersonal sollte nicht essend, trinkend oder rauchend herumstehen. Sie sollten weder lesen noch gelangweilt und desinteressiert schauen. Vom Besucher wird so ein Verhalten als höchst unprofessionell empfunden.

Lassen Sie Ihren Stand nicht vollkommen unbesetzt. Dies ist ein Zeichen von Desinteresse. Vergessen Sie nicht, daß Ihre Produkte oder Dienstleistungen von *Menschen* verkauft werden, nicht von Prospekten oder leeren Messeständen. Wenn Sie den Stand allein betreuen, so besorgen Sie sich eine Aushilfskraft, die Sie alle paar Stunden ersetzt. Hauptsache, Ihr Stand ist von irgend jemand besetzt.

Kunden befragen und einschätzen

Der Einschätzungsprozeß gehört zu den wichtigsten Aufgaben. Die dabei anzuwendenden Techniken sollten deshalb vor der Veranstaltung gut geprobt werden. Es kommt darauf an, Fragen zu stellen, mit deren Hilfe Sie in drei bis fünf Minuten einen funktionierenden Kontakt zum Kunden aufbauen können.

Der Schlüssel für die erfolgreiche Kundenbeurteilung liegt in einer effektiven Fragetechnik und in aktivem Zuhören. Ob Sie etwa zuerst Fragen stellen und dann zuhören, oder ob Sie zuerst zuhören und dann Fragen stellen – in diesen Techniken liegt das Geheimnis des Erfolgs.

Bonustip: Eine gute Testfrage ist: »Das ist interessant. Könnten Sie mir mehr darüber erzählen?«

Der Vorteil effektiver Fragestellung

Leider gibt es viele Verkäufer, die an die beiden folgenden Mythen glauben:

> *Mythos 1:* Wer nicht redet, verkauft nicht
> *Mythos 2:* Wer redet, hat die Situation im Griff.

Oftmals sind sie so begeistert von ihren Produkten oder Dienstleistungen, daß sie den potentiellen Kunden mit Informationen überladen.

Ein echter Profi weiß, daß es beim Verkaufen zuerst darauf ankommt, die »schwache Stelle« des Kunden zu entdecken. Dies läßt sich aber nur mit effektivem Fragen und effektivem Zuhören erreichen. Je mehr Ihr Kunde spricht, desto mehr Informationen erhalten Sie, die Sie dann in einer wirksamen Demonstration und schließlich im Verkaufsabschluß nützen können.

Sie haben die Situation im Griff, wenn Sie die Fragen stellen. Mit Hilfe Ihrer Fragetechniken sind Sie es, der das Gespräch führt.

Die 80/20-Regel

Halten Sie sich im Umgang mit einem potentiellen Kunden an die 80/20-Regel:

♦ *80% der Zeit hören Sie dem Kunden zu, und 20% der Zeit sprechen Sie über Ihre Produkte und Dienstleistungen.*

Effektive Fragetechniken versetzen den Besucher in eine angenehme Stimmung und helfen beim Aufbau eines guten Verhältnisses zwischen Kunde und Verkäufer. Bombardieren Sie den Interessenten nicht mit Fragen, die ihm das Gefühl vermitteln, sich in einem Verhör zu befinden. Das veranlaßt ihn höchstens, in die Defensive zu gehen. Sie haben zwei Ohren und einen Mund. Verwenden Sie diese im Verhältnis 2:1.

Die Macht des aktiven Zuhörens

Die Kunst des aktiven Zuhörens ist wichtig und einflußreich. Ohne sie geht viel von dem Gespräch zwischen möglichem Kunden und Mitarbeiter verloren, wird mißinterpretiert oder falsch ausgelegt.

Aktives Zuhören erfordert Anstrengung und viel Konzentration. Alessandra, Wexler und Barrera bezeichnen in ihrem Buch *Non-Manipulative Selling* einen aktiven Zuhörer als jemanden, der:

> »davon Abstand nimmt, eine Botschaft vorschnell zu beurteilen und versucht, den Standpunkt der anderen Person zu sehen. Aufmerksamkeit drückt sich nicht nur in den gesprochenen Worten, sondern auch in den Gedanken und Gefühlen, die vermittelt werden, aus. Diese Form des Zuhörens bedeutet, in die Rolle des anderen zu schlüpfen. Der Zuhörer muß dem Sprecher verbales und nonverbales Feedback geben.«

Eines der Hauptkriterien bei der Auswahl Ihres Personals besteht darin, Menschen zu finden, die gute Zuhörer sind. Laut Forschungen hören die meisten Menschen nur zu 50 Prozent zu.

Manche Zuhör-Gewohnheiten können Ihren potentiellen Kunden oder Besucher irritieren. Überprüfen Sie, welche auf Sie zutreffen, und fragen Sie Mitarbeiter, ob Sie Fehler beim Zuhören begehen, die Ihnen nicht bewußt sind.

Zwanzig Gewohnheiten beim Zuhören, die potentielle Kunden oder Besucher irritieren

1. Nur Sie sprechen
2. Zu unterbrechen, während die andere Person redet
3. Den Sprecher nie anzusehen
4. Mit etwas in Ihren Händen zu spielen oder mit Münzen in der Tasche zu klimpern
5. Ein Pokerface zu machen, so daß der Besucher nicht weiß, ob er verstanden wurde
6. Zu seriös sein und niemals zu lächeln
7. Die Bedeutung der Botschaft zu verändern, indem man dem Sprecher Worte in den Mund legt
8. Ab und zu fragen, was gerade gesagt worden ist, und somit zu signalisieren, daß Sie nicht zugehört haben
9. Das Gesagte mit eigenen Erfahrungen zu verbinden und ständig Anekdoten darüber zu erzählen
10. Den Satz des Sprechers zu beenden, wenn dieser eine längere Pause einlegt
11. Zuviel Augenkontakt zu halten
12. Eine Person quasi »mit den Augen auszuziehen«
13. Die Worte eines Sprechers als »glaubwürdig« und »unglaubwürdig« einzustufen
14. Zuviel Feedback zu geben – zuviel Kopfschütteln und »Uh-Aahs«
15. Zu nahe oder zu weit entfernt vom Sprecher zu stehen
16. So zu tun, als ob Sie alles wüßten
17. Menschen zu beurteilen, während sie sprechen
18. Sich verpflichtet zu fühlen, zuzuhören, und eigentlich am Sprecher oder Thema gar nicht interessiert sein
19. Sich emotionell zu sehr ins Gespräch hineinzusteigern und so den Kern der Aussage zu verpassen
20. Gegenüber jemandem, der jünger, älter oder vom anderen Geschlecht ist, engstirnig eingestellt zu sein

Festgefahrene Gewohnheiten zu ändern braucht Zeit und Übung. Sich seiner Fehler bewußt zu sein ist der erste Schritt. Bei der Änderung von Zuhör-Gewohnheiten können sich Mitarbeiter gegenseitig helfen.

Zuhör-Arbeitsblatt

eigene Übung

Ich bin mir folgender Zuhör-Gewohnheiten bewußt:

_____

_____

_____

_____

Gruppenübung

Folgende Zuhör-Gewohnheiten sind mir nicht bewußt:

_____

_____

_____

_____

Was kann ich unternehmen, um diese Gewohnheiten loszuwerden?

_____

_____

_____

_____

_____

3.8 Präsentationen und Demonstrationen vor dem Kunden

Manche Prinzipien gelten für alle Demonstrationen. Sie müssen schon vor der Veranstaltung wissen, wie alles funktioniert, und Sie sollten jeden Tag vor Beginn der Messe prüfen, ob alles in Ordnung ist. Erstellen Sie eine Liste der besonderen Vorteile Ihres Produkts oder Ihrer Dienstleistungen und inwiefern diese dem Kunden von Nutzen sein können. Überlegen Sie sich, wo Sie den potentiellen Kunden einbeziehen können, und zeigen Sie ihm, was zu tun ist. Erlauben Sie ihm oder ihr, an der Vorführung mitzumachen. Legen Sie im Gespräch mit dem Kunden positive Pausen zur Erhöhung der Glaubwürdigkeit ein, nehmen Sie überzeugend wirkenden Augenkontakt auf. Immer offene Fragen stellen, immer vorbereitet sein, Fragen vorwegnehmen!

Das KVK-Prinzip der Präsentation

Wenn Sie Ihr Produkt oder Ihre Dienstleistung einem potentiellen Kunden präsentieren, konzentrieren Sie sich auf besondere Kennzeichen, den zu erwartenden Vorteil und die Meinung des Kunden.

K **Kennzeichen** – ein charakteristisches Merkmal Ihres Produkts oder Ihrer Dienstleistung, welches den Kundenbedürfnissen entgegenkommt. Zum Beispiel Computersoftware mit Pulldown-Menüs.

V **Vorteil** – ein von dem Produkt oder der Dienstleistung bezogener Wert. Zum Beispiel Zeitersparnis beim Zugriff auf wichtige Daten.

K **Kaufneigung** – die Meinung des Kunden. Zum Beispiel: »Inwiefern glauben Sie, wird sich dadurch die Abwicklung von Routineaufgaben vereinfachen?«

Durch Anwendung des KVK-Präsentationsprinzips betonen Sie Produkt- oder Dienstleistungsmerkmale sowie zugehörige Vorteile, von denen Sie aus der vorangehenden Fragesituation wissen, daß sie für den Kunden wichtig sind. Dann erkundigen Sie sich nach der Meinung des Kunden. Auf diese Weise bleibt der Kunde eingebunden und interessiert.

Bonustip: *Um zu testen, ob es sich bei einem Vorteil um einen echten Vorteil handelt, fragen Sie sich: »Was wird diese Funktion dem Kunden konkret bringen?«*

3.9 Präsentationen vor verschiedenen Persönlichkeitstypen

Sie brauchen für die verschiedenen Persönlichkeitstypen auch unterschiedliche Techniken.

Präsentationen vor Kraftbündeln

● Halten Sie sich kurz, und kommen Sie zum Punkt.

● Vermeiden Sie technische Informationen, außer Sie werden danach gefragt.

● Sprechen Sie über Vorteile, und betonen Sie, wieviel Zeit und Geld erspart wird.

Präsentationen vor Tatkräftigen

● Vermeiden Sie technische Informationen.

● Lassen Sie sie Spaß an der Sache haben und sich gut fühlen.

● Streichen Sie Prestige und Vorteile, die Anerkennung bringen, heraus.

Präsentationen vor Zuverlässigen

● Vermeiden Sie zu viele Informationen.

● Streichen Sie Vorteile heraus, die ihre Situation stabilisieren, vereinfachen oder unterstützen.

● Bieten Sie Garantien und persönliche Sicherheit an.

Präsentationen vor Skeptikern

● Präsentieren Sie logische Beweise von verschiedenen Quellen.

● Gestatten Sie ihnen, ihr Wissen und ihre Expertise mit Ihnen zu teilen.

● Betonen Sie Qualität, Wert und Verläßlichkeit.

Übung zur Vorbereitung von Präsentationen

In welche Gebiete können potentielle Kunden mit einbezogen werden?

_____

_____

_____

Was sind die Hauptattraktion und die größten Vorteile Ihres Produktes/Ihrer Dienstleistung?

Hauptattraktion: _____

Vorteil: _____

Hauptattraktion: _____

Vorteil: _____

Hauptattraktion: _____

Vorteil: _____

Hauptattraktion: _____

Vorteil: _____

Welche Fragen können wir erwarten?

_____

_____

_____

_____

3.10 Informationen zur Einschätzung
eines potentiellen Kunden

Während des Gesprächs mit dem Kunden müssen die folgenden 10 Bereiche abgedeckt werden. Vergessen Sie nicht, daß unterschiedliche Persönlichkeiten auch unterschiedliche Vorgehensweisen bedingen.

1. Name und Position in seinem/ihrem Unternehmen

2. Das von ihm/ihr vertretene Unternehmen

3. Welche Probleme will er/sie lösen?

4. Der Bedarf nach Ihrem Produkt oder Ihrer Dienstleistung

5. Pläne zur Nutzung Ihres Produkts oder Ihrer Dienstleistung

6. Derzeit verwendetes Produkt/Dienstleistung

7. Änderungen in der Firma des Kunden, welche den Kauf Ihres Produkts oder Ihrer Dienstleistung voraussetzen oder in Aussicht stellen

8. Die benötigte Menge

9. Der Einfluß oder die Autorität Ihres Besuchers im Entscheidungsprozeß

10. Zum Ankauf verfügbare Ressourcen

11. Der für eine Kaufentscheidung zur Verfügung stehende Zeitrahmen

12. Wissen, wann das Unternehmen sein Budget verplant

Bonustip: *Finden Sie sofort heraus, wer der Kunde ist und woher er kommt. Sie wollen schließlich Ihre Zeit nicht unnötigerweise mit einem Interessenten vergeuden, der sich außerhalb Ihres Vertriebsbereiches befindet.*

3.11 Die Kundenkontaktkarte

Die gesammelten Informationen müssen auf einer übersichtlichen Kunden-kontaktkarte (siehe Beispiel unten) gesammelt werden. Versuchen Sie nicht, sich auf Ihr Gedächtnis zu verlassen oder mit irgendwelchem Gekritzel auf der Rück-seite einer Visitenkarte das Auslangen zu finden.

Gut geordnetes Datenmaterial hilft Kosten sparen. Laut Auskunft des Trade Show Bureaus ist für 54 Prozent der nach einer Messe getätigten Bestellungen kein persönlicher Verkaufsbesuch erforderlich. Die Abschlußkosten liegen bei Kunden, die aufgrund von Datenmaterial vorsortiert sind, um nahezu 70 Prozent unter jenen für ungefilterte Kontakte.

Kunden-Kontakt-Karte (Beispiel)

Messe: _____ Datum: _____

Name des Kunden: _____

Titel und Unternehmen: _____

Adresse: _____

PLZ: _____ Ort: _____ Land: _____

Tel.: _____ Fax: _____

Derzeit verwendetes Produkt/Dienstleistung: _____
_____

Interessiert an folgenden Produkten/Dienstleistungen: _____
_____

Grad des Interesses: ❏ sehr stark ❏ stark ❏ schwach ❏ unbekannt

Einfluß im Entscheidungsprozeß: ❏ einziger Entscheidungsträger ❏ Grup-penentscheidung ❏ Komitee ❏ Opinion-Leader ❏ keiner ❏ anderes: ____

Zeitrahmen für den Einkauf: _____

Kommentar: _____
_____

Standrepräsentant: _____

Bonustip: *Bei stark frequentierten Messen, wo Sie unmöglich mit jedem sprechen können, könnten Sie eine Art Vorausscheidung durchführen. Entwerfen Sie dafür ein Formular mit drei bis fünf Fragen.*

3.12 Die Bedeutung
der nonverbalen Kommunikation

Potentielle Kunden können uns allein über ihre Körpersprache eine Menge über sich mitteilen: Handschlag, Hand- und Armgesten sowie Gesichts- und Augenkontakt. In einem fünfminütigen Gespräch mit einem Kunden können über 200 nonverbale Mitteilungen ausgetauscht werden.

Nach den Erkenntnissen Albert Mehrabians, eines Forschers auf dem Gebiet nonverbaler Kommunikation (University of California, L. A.) besteht die Kommunikation zu 7 Prozent aus Worten, zu 38 Prozent aus Stimmlauten und zu 55 Prozent aus Körpersprache. Nicht *was* wir sagen, ist dabei das Entscheidende, sondern *wie* wir es sagen.

Nichts kommt einem guten, festen Handschlag gleich, wenn es darum geht, Vertrauen zu vermitteln. Doch gibt es auch Handschläge, die ganz andere Gefühle auslösen:

- *Hinabdrücken der Handflächen* – Typisch für einen aggressiven, dominanten Mann, der die Handfläche der anderen Person in seine hineinzwingt, mit der eigenen obenauf. Ausdruck von Kontrolle.

- *Handschuh- oder Politikerhandschlag* – Der Kunde umschließt Ihre Hand mit beiden Händen. Eine Geste des Vertrauens und der Ehrlichkeit ist angestrebt, doch das Gegenteil wird vermittelt: Ungläubigkeit und Mißtrauen hinsichtlich der wahren Absichten des Gegenübers. Dieser Handschlag sollte nur mit bestehenden Kunden und bekannten Gesprächspartnern verwendet werden.

- *Ellenbogengriff* – Das Gegenüber ergreift mit einer Hand Ihre Hand und Ihren Ellenbogen mit der anderen. Wie der *Handschuh* wird auch diese Geste als zu intim für eine erste Begegnung betrachtet. Löst Mißtrauen und Verdacht aus.

- *Toter Fisch* – Ein kalter, klammer, lascher Händedruck wird mit einem schwachen Charakter assoziiert oder mit jemand, der gelangweilt und desinteressiert ist.

- *Fingerspitzengriff* – Der Zugreifende greift an der Hand des Gegenübers vorbei und faßt bloß nach dessen Fingern. Auch wenn diese Person begeistert scheint – ihr fehlt das Selbstvertrauen.

Die Interpretation von Körpersprache

Sie sind in der Lage, nach der Verhaltensart zu erkennen, wie sich Ihr
potentieller Kunde fühlt. Sie können aus einer Begegnung mehr profitieren,
wenn Sie die Grundlagen der Körpersprache verstehen. Hier einige Beispiele:

Macht und Überlegenheit *zeigt sich so:*

> guter Augenkontakt, fester Händedruck mit
> einem Hinabdrücken der Handflächen,
> Hände auf die Hüfte gestützt, Hände in den
> Taschen – nur die Daumen sind sichtbar

Nervosität *zeigt sich so:*

> kann keinen Augenkontakt halten, blinzelt
> oft, Handtasche wird vor dem Körper
> gehalten, Gewicht von einem Fuß auf den
> anderen verlagern, Zappeln, Klicken der
> Füllfeder

Skepsis *zeigt sich so:*

> über der Brust verschränkte Arme, schielen,
> Finger nesteln am Kragen herum,
> grimmiges Gesicht ziehen, Körper im
> Winkel zum Sprecher

Langeweile oder Desinteresse *zeigt sich so:*

> Starren in die Leere, mit Gegenständen
> herumspielen, auf die Uhr sehen, an der
> Kleidung herumzupfen, mit den Füßen
> scharren

Mißtrauen oder Unehrlichkeit *zeigt sich so:*

> Vermeidung von Augenkontakt, ab-
> schweifender Blick, Hände während des
> Sprechens in der Nähe von Nase, Ohren

oder Mund (können die Körperregionen auch berühren), Gestiken passen nicht zu den Worten, Körperhaltung so, daß die Person jederzeit flüchten kann

Unsicherheit und Unentschlossenheit

zeigt sich so:

Augen geschlossen, während man sich in den Nasenrücken kneift, Lippenkauen oder -beißen, seitliche Augenbewegungen, anpassen an den anderen, schaut besorgt oder erstaunt drein, Kopf ist leicht geneigt

Bewertung

zeigt sich so:

Hand oder Zeigefinger berührt das Kinn, Kopf leicht geneigt, Zeigefinger auf den Lippen, Brillenbügel oder Schreibgerät im Mund, Ohr in Richtung Sprecher gewendet

Wenn Sie bei Ihrem potentiellen Kunden einen vertrauenswürdigen Eindruck machen wollen, sollten Sie die Beine etwas geöffnet halten (ca. 30 cm Abstand), die Arme seitlich herunterhängen lassen und die Schultern entspannen. Halten Sie zu Ihrem Gegenüber einen Körperabstand zwischen ca. 50 cm und 1,20 m, und verdecken Sie Ihre Körpervorderseite nicht mit einem Gegenstand. Schütteln Sie die Hände in einer vertikalen (gerade nach oben und unten) Position, lächeln Sie immer, und vermitteln Sie einen freundlichen Eindruck.

3.13 Techniken zur Beendigung eines Gespräches

Es ist an der Zeit, Ihr Gespräch zu beenden und dem möglichen Kunden alles Gute zu wünschen. Oft ergibt sich ein natürliches Gesprächsende, aber es gibt Besucher, die es gar nicht eilig haben zu gehen. Der Einsatz spezifischer Körpersprache und ein paar gut vorbereitete Aussagen werden Ihrem Interessenten eine klare Botschaft signalisieren.

Reden Sie den Besucher mit seinem Namen an. Zuerst ändern Sie die Position Ihres Körpers und schütteln Sie seine/ihre Hand. Dann teilen Sie ihm/ihr mit, wie die weitere Kontaktaufnahme erfolgen soll. Zum Schluß geben Sie Ihrem potentiellen Kunden ein Geschenk oder einen Gutschein. Wenn Sie all dies machen und dabei den Augenkontakt minimieren, wird Ihr Gegenüber die Botschaft verstehen.

Was man mit einem Besucher macht, der einem nur die Zeit stiehlt

Ab und zu kommt es vor, daß ein Besucher nur Ihre Zeit verschwendet oder Sie entdecken, daß die Konkurrenz herumschnüffelt. Diese Art von Besucher möchten Sie natürlich auf dem schnellsten Weg loswerden. Sie können das höflich erreichen, indem Sie sagen: »*Vielen Dank, daß Sie bei unserem Stand vorbeigeschaut haben. Aufgrund unseres Gespräches glaube ich jedoch nicht, daß unsere Firma Ihnen dieses Mal dienlich sein kann. Falls sich Ihre Situation verändert, würden wir es begrüßen, wenn Sie uns wieder kontaktieren würden. Hier ist meine Karte.*«

Schütteln Sie die Hand des Besuchers, und werden Sie ihn los – denn: während Sie mit diesem »nutzlosen« Kunden sprechen, könnten vielversprechende Interessenten an Ihnen vorbeihuschen.

Teil 4:

Produktivität

4.1 Was ist Produktivität?

Wenn die Messe vorbei ist, beginnt die eigentliche Arbeit – alle Kundenkontakte und Anfragen müssen bearbeitet werden. Den größten Fehler, den Aussteller begehen können, ist, keinen Plan zu haben, wie sie die unzähligen Kundenkontakte weiterbearbeiten sollen. Für gewöhnlich werden die Daten nur an die Verkaufsmitarbeiter weitergeleitet, die dann dafür verantwortlich sind.

Oft sind diese Kundenkontakte jedoch nicht so wichtig für die Verkäufer, und der Kontakt zum Kunden wird erst Wochen später aufgenommen. Oder der Vertreter versucht, den potentiellen Kunden telefonisch zu erreichen, um einen Termin zu fixieren, und ist schlußendlich frustriert, weil er den Interessenten nach zahlreichen Anrufen noch immer nicht erreicht hat. Wenn der Kontakt dann schließlich klappt, stellt sich oft heraus, daß der Interessent kein Interesse mehr am Produkt oder die Konkurrenz bereits schneller reagiert hat.

Den meisten Ausstellern sind zwei wichtige Dinge nicht klar: Erstens, daß das Timing der neuerlichen Kontaktaufnahme zum Kunden entscheidend ist, und zweitens, daß nicht alle Kundenkontakte auf die gleiche Weise behandelt werden können. Es geht darum, den Prozeß der neuerlichen Kontaktaufnahme einfach und effizient zu gestalten, damit man sich hauptsächlich auf den Verkaufsabschluß konzentrieren kann.

4.2 Messekontakte und Anfragen
in Verkäufe umwandeln

Senden Sie einen Brief an alle Messebesucher

Entwerfen Sie schon vor der Abreise zur Messe einen Brief à la »Vielen Dank für Ihren Besuch auf unserem Stand ...«. Erwähnen Sie Ihre Absicht, in den nächsten Wochen Kontakt aufzunehmen.

Am Ende jeder Messe oder eines Ausstellungstages informieren Sie Ihr Büro über Anfragen, damit die entsprechenden Briefe versendet werden können. Richten Sie ein System zur Vereinfachung des Mailings ein. Das richtige Timing ist von entscheidender Bedeutung. Ihre Briefe müssen bei den Interessenten innerhalb von 48 Stunden nach Abschluß der Veranstaltung eingelangt sein, denn nur so bleibt ihnen der Name Ihres Unternehmens im Gedächtnis. Andernfalls neigen potentielle Kunden dazu, das bei der Messe Gesehene, Gehörte oder Gesagte schnell wieder zu vergessen, sobald sie in ihre Büros zurückgekehrt sind.

Bonustip: *Geben Sie jedem Teilnehmer an Ihrer Vorausscheidung einen Preis, um einen weiteren Kontakt mit dem Besucher anzuregen.*

Bewertung der Anfragen

Gruppieren Sie Ihre Anfragen in Kategorien anhand des Parameters »Grad des Interesses« auf Ihrer Kundenkontaktkarte. Zum Beispiel: A = ausgezeichneter Kontakt, B = guter Kontakt, C = durchschnittlicher Kontakt, D = schwacher Kontakt, E = schwer einzuschätzen.

Diese potentiellen Kunden müssen nun einer telefonischen Neubewertung unterzogen werden. Das ist die kostengünstigste Methode zur Ermittlung der tatsächlichen Interessenslage, ehe die Kontakte an die Verkaufsvertreter weitergegeben werden.

Entwickeln Sie einen Telefonbewertungs-Fragebogen

Entwerfen Sie diesen Fragebogen noch vor der Veranstaltung. Dieser Fragebogen muß kurz und prägnant sein, damit er in wenigen Minuten ausgefüllt werden kann. Er soll eine einführende Anrede, Fragen zum Bedarf des Kunden nach Ihrem Produkt oder Ihrer Dienstleistung, zeit- und budgetbezogene Fragen, Fragen zum Entscheidungsprozeß im Kundenunternehmen und zu allfälligen Maßnahmen enthalten.

Fragebogen zur telefonischen Bewertung (Beispiel)

Guten Morgen, mein Name ist _____ von der Firma _____.
Ich beziehe mich auf das Interesse, das Sie bei der _____ – Messe an unserem Produkt/unserer Dienstleistung gezeigt haben.
Bei der Messe haben Sie … *(jetzt beziehen Sie sich auf den auf der Kundenkontaktkarte vermerkten Bedarf).*
Darf ich Sie dazu um etwas genauere Auskünfte bitten? Und zwar folgendes …

1. Verwenden Sie derzeit ein ähnliches Produkt/Dienstleistung?   Ja ❑ Nein ❑
(wenn ja) Erwägen Sie den Kauf eines anderen Produkts/Dienstleistung? Ja ❑ Nein ❑
(wenn nein) Sind Sie am Kauf eines (Produkt/Dienstleistung) interessiert? Ja ❑ Nein ❑
(Wenn »Nein«, bedanken Sie sich für das Gespräch und beenden die Konversation)

2. Was veranlaßt Sie dazu, diesen Kauf in Erwägung zu ziehen?
_____

3. Wie lange wird es dauern, bis die Kaufentscheidung fällt?
❑ 1 Monat   ❑ 3 Monate   ❑ 6 Monate   ❑ anderes: _____

4. Besteht für dieses Produkt/diese Dienstleistung ein eigener Budgetposten?
❑ Ja   ❑ Nein

5. Sind Sie persönlich für die Auswahl des Lieferanten verantwortlich?
❑ Ja   ❑ Nein   Wenn nein, wer ist verantwortlich? _____
a) Wie kann ich (verantwortliche Person) erreichen?
Telefon: _____ DW: _____ Beste Anrufzeit: _____

6. Wären Sie interessiert, mit unserem Repräsentanten über Ihren spezifischen Bedarf zu sprechen?
❑ Ja   ❑ Nein   Unterlagen zusenden zu Handen _____
Andere Maßnahmen: _____

Vielen Dank für das Gespräch.

Telefon-Interviewer: _____ Kontaktdatum: _____

Wählen Sie Personal zur Durchführung der Telefonbefragungen aus

Diese Mitarbeiter benötigen eine positive Einstellung zum Telefon. Sie müssen ein freundliches Gesprächsverhalten und eine angenehme und klar verständliche Stimme haben. Gute Ausdrucksfähigkeit und ein ausgezeichnetes Zuhörvermögen sind ebenfalls Voraussetzung für diesen Job. Dazu sollten sie noch Sinn für Humor mitbringen und keine Angst vor Zurückweisung haben.

Priorität für A- und B-Kunden

Wenn Ihnen für die Telefonbefragungen nur wenige Mitarbeiter zur Verfügung stehen, räumen Sie den ausgezeichnet (A) und den gut (B) bewerteten Kunden Priorität ein. Dann soll sich Ihr Personal systematisch durch die Kundenkontaktkarten durcharbeiten.

Planen Sie einen Zeitrahmen

Ihre Nachbearbeitungstelefonate sollten innerhalb einer Woche nach der Messe abgeschlossen sein. Planen Sie zusätzliche Zeit für das Erreichen des Ansprechpartners ein. Für das Zustandekommen eines Kontakts zum Kunden sind in vielen Fällen sechs oder mehr Versuche nötig.

Stufen Sie die Reaktionen ein

Nachdem alle Befragungen durchgeführt wurden, nehmen Sie eine Einstufung der erhaltenen Reaktionen vor. Zum Beispiel:

Ausgezeichnetes Potential – Kunde möchte sofort jemanden treffen _____ ◯

Gutes Potential – an Kauf innerhalb von sechs Monaten interessiert _____ ◯

Potential vorhanden – langfristig interessiert _____ ◯

Nicht interessiert _____ ◯

Kauft bei **Konkurrenten** oder hat schon bei Konkurrenten gekauft.
Es handelt sich um einen potentiellen Kunden der Zukunft, zu dem
der Kontakt aufrecht erhalten werden soll _____ ◯

Nachdem Sie die Reaktionen bewertet haben, stellen Sie fest, welche Änderungen in der Klassifizierung der Kundenkontakte sich zwischen der Bewertung auf den Kundenkontaktkarten und derjenigen nach den Telefongesprächen ergeben haben.

Planen Sie eine Methode zur Messung von Verkaufsergebnissen

Bevor Sie die mittels Telefonbefragung nochmals qualifizierten Kontakte an die Verkäufer weitergeben, organisieren Sie ein System zur Feststellung der Erfolgsrate. Dies könnte zum Beispiel in Form eines Berichts nach einer bestimmten Zeit erfolgen.

Geben Sie die Kontakte weiter

Jetzt haben Sie einige wirklich gut vorsortierte Kontakte, um sie an die Verkaufsrepräsentanten weiterzugeben. Die »ausgezeichneten« und die »guten« Potentiale müssen sofort wahrgenommen werden. Senden Sie jedem, der dies verlangt hat, Informationen zu. Die »Konkurrenz«-Kunden halten Sie für zukünftige Nachbetreuung in Evidenz.

Machen Sie Ihre Verkäufer rechenschaftspflichtig

Dies erhöht ihre Einsatzbereitschaft. Fragen Sie sie, wie viele Kontakte sie in einem bestimmten Zeitraum betreuen können, und teilen Sie ihnen diese Zahl an Kontakten zu. Nach Bedarf sollen sie dann mehr Kundenkontakte anfordern.

Schließlich sollten Sie noch die derzeit neu auf den Markt kommenden Softwarepakete für Lead-Management unter die Lupe nehmen. Die Anschaffung eines solchen Programms könnte diesen ganzen Prozeß wesentlich vereinfachen.

4.3 Messen Sie Ihre Produktivität

Mit einem eingeführten Lead-Management-System können Sie jetzt genau die Ergebnisse Ihrer Messebemühungen feststellen. Zum Beispiel:

Kosten pro Verkauf

Dividieren Sie die Gesamtkosten durch die Anzahl der Verkäufe.

Kosten pro Messekundenkontakt

Dividieren Sie die Gesamtkosten der Messe durch die Anzahl der gesammelten Kundenkontakte.

Kosten pro telefonischem Kundenkontakt

Dividieren Sie die Gesamtkosten durch die Anzahl »heißer«, guter und langfristiger Kontakte.

Ermitteln Sie Ihre Leistung

Nehmen Sie sich Zeit, um Ihre Leistungen bei der Messe gemeinsam mit Ihren Standmitarbeitern zu ermitteln. Stellen Sie die folgenden Fragen:

1. Wie haben wir im Verhältnis zu unseren Zielen abgeschnitten?

_____

_____

2. Was würden wir bei der nächsten Ausstellung anders machen?

_____

_____

3. Was waren unsere Herausforderungen?

_____

_____

4. Welche unerwarteten Ereignisse sind eingetreten?

_____

_____

5. Bei welchen Dingen brauchen wir mehr Vorbereitung?

_____

_____

6. Wie effektiv war das Display unseres Standes?

_____

_____

7. Durch welche Veränderungen könnte unser Display verbessert werden?

_____

_____

8. Welche unserer Produkte/Dienstleistungen haben die meiste
   Aufmerksamkeit erregt?

_____

_____

9. Wie effizient war der Arbeitsplan der Mitarbeiter, und was sollten wir dabei verändern?

_____

_____

10. Wie effektiv war diese spezielle Messe für unsere Zwecke?

_____

_____

11. Wie war die Qualität der Besucher in Relation zu unseren Wünschen?

_____

_____

12. Sollten wir bei dieser Messe wieder ausstellen? Wenn nein, warum nicht?

_____

_____

13. Welche unserer Konkurrenzfirmen stellten auch aus?

_____

_____

14. Auf welche Themenbereiche sollten wir das Messemanagement aufmerksam machen?

_____

_____

4.4 Bewerten Sie die Messe

Nach drei bis sechs Monaten sollten Sie bewerten, wie kostenwirksam die Messe für Ihr Unternehmen war. Auf der Grundlage der Produktivitätsmessungen können Sie die Kostenwirksamkeit für Ihre Ausstellungsziele bestimmen.

Bonustip: *Falls eine Messe nur geringfügige Profite zur Folge hatte, sollten Sie überlegen, ob Sie aus offensiven oder defensiven Gründen teilnehmen müssen. Überlegen Sie, was Ihre Konkurrenten und Interessenten über Ihre Abwesenheit denken würden.*

Sie haben alles, was Sie brauchen

Haben Sie den Wunsch, das Engagement und die Disziplin, Ihre Messen zu planen und diese Pläne dann auch zu verwirklichen? Ob es sich bei Ihrer Firma nun um einen »Ein-Mann«-Betrieb oder einen weltweiten Konzern handelt: Sie verfügen jetzt über das nötige Rüstzeug, erfolgreich und gewinnbringend bei Messen auszustellen. Der Rest liegt bei Ihnen.

Schritt für Schritt wurden in diesem Buch alle wichtigen Bereiche des Messewesens behandelt. Erfolgreiches Ausstellen erfordert einen Plan, der mindestens neun Monate vor der Messe beginnt. Für jede Planungsminute ersparen Sie sich fünf Minuten bei der Ausführung. Pläne, die fünf Minuten vor zwölf ausgeheckt werden, sind zum Scheitern verurteilt.

Ein kluger Aussteller zu sein heißt, genaue Ziele und Strategien zu haben. Eine Person sollte die gesamte Verantwortung für das Management der Messe tragen und von einem Team engagierter Mitarbeiter unterstützt werden. Alle Beteiligten müssen sich regelmäßig treffen, damit Fristen eingehalten und Streitfragen geklärt werden.

Wählen Sie ein Team aus, von dem Sie Ihre Firma gerne vertreten lassen wollen, und schließen Sie es in die Messeplanung mit ein. Auf diese Weise bleiben die Mitarbeiter interessiert und engagiert, und Sie können sich während der Messe besser auf sie verlassen. Natürlich sollten diese Mitarbeiter auch die erforderlichen Fertigkeiten mitbringen.

Lassen Sie Ihre Kunden, Klienten, Lieferanten und Großhändler wissen, daß Sie ausstellen und wo Ihr Messestand zu finden ist. Vergessen Sie nicht: Egal wie toll Ihre Leistung während der Messe auch war – es passiert nichts, wenn Sie nicht sofort nach Ende der Ausstellung die Kundenkontakte weiterverfolgen.

Zu guter Letzt sollen Sie aus Erfahrung lernen. Beobachten Sie andere Aussteller, lernen Sie von ihnen, und kopieren Sie das, was bei den anderen gut funktioniert. Die Chancen stehen gut, daß es bei Ihnen auch funktioniert.

Viel Glück als erfolgreicher und profitabler Aussteller!

Anhang:

Checkliste für den Aussteller

95 Methoden, den Erfolg Ihrer Messe zu verbessern

Erzielen Sie die besten Erträge aus Ihren Messeinvestitionen? Diese Checkliste dient als Erinnerung für viele Fragen, die in diesem Buch behandelt worden sind und die Sie sich vor der Teilnahme an einer Messe stellen müssen. Ihre Antworten werden dazu beitragen, daß Ihre Teilnahme ein Erfolg wird.

Auf die Plätze ...

1. Warum stelle ich aus?

2. Was stelle ich aus?

3. Wer ist mein Zielpublikum?

4. Wie gut paßt diese Messe zu meinem Marketing?

5. Wie günstig/ungünstig sind die Messedaten?

6. Was passiert noch zu dieser Zeit?

7. Wie günstig/ungünstig ist der Ausstellungsort?

8. Wird die Messe Besucher anziehen, die für meine Geschäfte interessant sind?

9. Wie gut ist der Ausstellungsort zu erreichen?

10. Gibt es genug Parkmöglichkeiten?

11. Wie erfolgreich war diese Messe bisher?

12. Wie erfahren ist das Messemanagement in der Organisation dieser Art von Ausstellung?

13. Was unternimmt das Messemanagement, um diese Ausstellung zu promoten?

14. Wird mir das Messemanagement eine Liste früherer Aussteller geben, die ich bezüglich der Messe kontaktieren kann?

15. Wie verhält sich das Messemanagement bezüglich der Probleme von Ausstellern?

16. Habe ich einen Messeplan in schriftlicher Form?

17. Habe ich ein Ausstellungsbudget veranschlagt (inklusive Extrakosten)?

Fertig ...

18. Habe ich den Vertrag genau gelesen und auch verstanden?

19. Habe ich meinen Ausstellungsplatz reserviert?

20. Habe ich die nötigen Anzahlungen geleistet?

21. Habe ich das Design des Standes geplant?

22. Hat der Platz die richtige Größe?

23. Gibt es genug Platz für Displays, Mobiliar und Demonstrationen?

24. Können sich die Besucher frei bewegen?

25. Habe ich folgendes bestellt: Symbole, Teppich, Beleuchtung, Elektrizität, Wasser, Abfluß, audiovisuelle Ausrüstung, Pflanzen, Reinigung?

26. Habe ich einen Standmanager ernannt?

27. Habe ich die Anzahl meiner Mitarbeiter bestimmt und auch Maßnahmen für eventuelle Notfälle (z. B. Krankheit) eingeplant?

28. Habe ich meine Standmitarbeiter ausgesucht?

29. Brauchen meine Mitarbeiter Training?

30. Habe ich ein Treffen vor der Messe organisiert?

31. Kennt sich das Standpersonal mit den gezeigten Produkten/Dienstleistungen gut aus?

32. Können sie diese auch wirkungsvoll vorführen?

33. Wird jemand in der Lage sein, technische Fragen zu beantworten?

34. Muß ich Broschüren, Kataloge oder Preislisten drucken lassen?

35. Wurde die Pressemappe schon vorbereitet?

36. Wurden irgendwelche anderen PR-Aktivitäten arrangiert?

37. Muß ich irgendeine Attraktion planen?

38. Habe ich den Organisatoren die schriftlichen Informationen für den Eintrag in den Ausstellungsführer gegeben?

39. Möchte ich irgendeine Form der peripheren Werbung (z. B. Fachzeitschriften, Radio, TV) organisieren?

40. Habe ich Werbegeschenke organisiert?

41. Wurde ein Gewinnspiel für die Besucher ausgedacht und organisiert?

42. Habe ich mich über die Lottobestimmungen informiert?

43. Habe ich genügend Eintrittskarten bestellt?

44. Habe ich für meine Mitarbeiter Namensschilder oder Abzeichen bestellt?

45. Wurde ein System für die Kartenverteilung organisiert?

46. Sollen Kunden oder Interessenten persönliche Einladungen geschickt werden?

47. Brauche ich Arbeitskräfte für den Auf- und Abbau des Standes?

48. Muß ich irgendwelche Transporte in die Wege leiten?

49. Habe ich mich um die Versicherung gekümmert?

50. Sind irgendwelche Sicherheitsmaßnahmen erforderlich?

51. Wurde ein Werkzeugkasten zusammengestellt?

52. Wurden die nötigen Hotelreservierungen vorgenommen?

Los! ...

53. Wurde die Abschlußzahlung für den Messestand entrichtet?

54. Wird unser Stand unseren Wünschen gerecht?

55. Wirkt er einladend?

56. Können wir noch etwas am Stand verbessern?

57. Habe ich meine Mitarbeiter über die Messeverordnungen und -bestimmungen informiert?

58. Vermittle ich meinen Mitarbeitern, wie wichtig sie bei der Messe sind?

59. Habe ich eine Generalprobe einberufen?

60. Besitzen alle Standmitarbeiter Visitenkarten?

61. Wurden alle nötigen Ausrüstungsgegenstände zusammengestellt?

62. Brauchen wir für die Messe einen Computer? Falls ja, wurde er bestellt?

63. Brauche ich irgendwelche Genehmigungen für die Messe?

64. Falls ja, habe ich mich bereits darum gekümmert?

65. Muß ich die Standbesucher bewirten?

66. Wenn ja, wo?

67. Brauche ich einen Barkeeper und/oder Servierpersonal?

68. Wurde jemand beauftragt, den Stand sauber und ordentlich zu halten?

69. Wurde ein Lead-System für Besucheranfragen eingerichtet?

70. Wurde jemand für die Überwachung des Standabbaus eingeteilt?

71. Weiß diese Person auch, worum es bei diesem Prozeß geht?

72. Wurden die Mitarbeiter darüber informiert, was am Ende der Messe zu beachten ist?

Ziellinie ...

73. Wurde eine Liste aller Ausstellungsgegenstände angefertigt? (Man kann den jeweiligen Gegenstand beim Einpacken abhaken.)

74. Wurde nach der Messe eine »Kritikkonferenz« organisiert?

75. Wurde ein System eingerichtet, um nach der Messe Kundenanfragen und Verkaufsanrufe zu bewältigen?

76. Soll ein Dankschreiben an jeden Besucher verfaßt werden?

77. Werden alle Kundenkontakte zur Weiterverfolgung an die Vertreter weitergeleitet?

78. Wer wird dafür verantwortlich sein?

79. Wer wird sich mit den Vertretern treffen, um zu überprüfen, was aus den Kontakten geworden ist?

80. Wie werden die Messeverkäufe verfolgt werden?

81. Möchte ich eine Adressenliste aus den Kundenanfragen erstellen?

82. Wer wird einen Messebericht verfassen?

83. Nach welchem Zeitraum wird das erfolgen?

84. Wird dieser Bericht an das Management und an den Verkäufer geschickt werden, die nicht an der Messe teilnahmen?

85. Welche Art der Belohnung oder Anerkennung erhalten die Mitarbeiter der Messe?

86. Wer wird einschätzen, ob wir nächstes Jahr wieder an dieser Ausstellung teilnehmen sollen?

87. Wer wird dafür verantwortlich sein, den Platz für nächstes Jahr zu reservieren?

88. Wann kann man diese Reservierung frühestens in die Wege leiten?

89. Welches Feedback wurde dem Messemanagement gegeben?

90. Ist es uns gelungen, innerhalb unseres geschätzten Budgets zu bleiben?

91. Muß das Budget für nächstes Jahr neu veranschlagt werden?

92. Sollten wir in Erwägung ziehen, unsere Standfläche/unser Display nächstes Jahr zu vergrößern?

93. Wer ist dafür verantwortlich, unsere Leistung bei der Messe zu bewerten?

94. Wer ist dafür verantwortlich, eine Liste mit Veränderungen/Verbesserungen zu erstellen?

95. An welchen anderen Messen sollten wir noch teilnehmen?